내 몸을 위한 자연식 별미

자운 지음

주식회사 **주택문화사**

내 몸을 위한 자연식 별미

초판 1쇄 발행일 2016년 11월 18일 ● **저자** 자운 ● **발행인** 이심 ● **편집인** 임병기
책임편집 이세정 ● **기획편집** 김연정 이아롬 조성일 신기영 ● **사진** 자운 변종석 최지현 전성근
본문디자인 최향주 ● **마케팅** 서병찬 ● **총판** 장성진 ● **관리** 이미경
출력 삼보프로세스 ● **인쇄** 신흥P&P주식회사 ● **용지** 영은페이퍼㈜ ● **발행처** ㈜주택문화사
출판등록번호 제13-177호 ● **주소** 서울시 강서구 강서로 466 우리벤처타운 6층
전화 02-2664-7114 ● **팩스** 02-2662-0847 ● **홈페이지** www.uujj.co.kr
정가 14,800원

이 책의 저작권은 ㈜주택문화사에 있습니다.
내용의 전부 또는 일부를 이용하려면 반드시 동의를 거쳐야 합니다.
파본 및 잘못된 책은 바꾸어 드립니다.

이 도서의 국립중앙도서관 출판예정도서목록(CIP)은 서지정보유통지원시스템
홈페이지(http://seoji.nl.go.kr)와 국가자료공동목록시스템(http://www.nl.go.kr/kolisnet)에서
이용하실 수 있습니다. (CIP제어번호 : CIP2016026521)

ISBN 978-89-66030-31-6 13590

자연 재료의
본분을 다한 맛

들어가는 글

{ 자연의 맛에 반하면
　요리는
　즐거운 놀이가 된다

산골에서 농사짓고 요리하고 글을 쓰며 자연과 더불어 사는 동안 건강과 내면의 성장이 웬만큼 조화를 이룬 것 같다. 산골살이에서 터득한 자유롭고 자족한 삶은 한 마디로 '잘 먹고 잘 사는 것'이다. 몸에 좋다고 소문 난 것을 골라먹으며 욕심껏 채우는 것이 아니라 제철에 맞게 먹고, 불필요한 것들을 멀리하는 것이다.

현대인들이 겪는 질병은 대부분 그릇된 식습관에서 비롯된다. 우리 몸에 가장 좋은 식재료는 노지에서 자란 제철 채소임에는 두말할 나위도 없다. 자연스럽게 성장한 작물은 양념이 부족하거나 손맛이 좀 덜해도 제 맛을 살리기가 쉽다. 이 맛에 반하면 요리는 즐거운 놀이가 된다. 내 몸을 살리는 음식은 조금 과하게 먹어도 몸에 부담을 주지 않지만 필요한 만큼만 먹게 돼 식탐이 줄어든다. 자연스러운 식욕은 의욕을 돋우는 반면 지나친 식탐은 건강을 해칠 뿐만 아니라 다른 물질에 대한 탐욕으로 이어지기 십상이다.

책에 소개된 요리는 토착화된 종자를 절기에 맞게 심고, 인위적인 투입물 없이 자연 재배한 농산물로 만든 것들이다. 시중에서 보기 드문 식재료도 있을 듯 싶은데, 이런 경우에는 다른 재료로 대체해 보자. 산골에서 음식을 만들다보면 부족한 재료 한두 가지쯤 빈번하게 생긴다. 더러 난감할 때도 있지만 발상의 전환으로 나만의 레시피가 완성되기도 한다. 평소에 생각지도 못했던 새로운 요리가 만들어지는 건 그런 기회가 많아서인지도 모른다.

흔히 건강식이라 하면 맛보다 영양과 칼로리를 우선하기 쉬운데 음식이란 감칠맛이 있어야 먹는 재미도 삼삼하고 소화 흡수도 잘 된다. 좀 더 맛있게 먹는 방법은 좀 더 감칠맛 나게 사는 비법이기도 하다. 내가 먹어서 맛있고 나를 평안하게 해준 음식은 좋은 사람들과 공유하고 싶어진다. 산골농부가 만든 소박한 요리가 자연밥상을 준비하는 분들에게 도움이 되었으면 하는 바람이다.

———

횡성 산골집에서
자운

차례

떡 ricecake

전기밥솥으로 만드는 수수약밥	014
콩고물 빵고물 현미쑥떡	016
칡콩(제비콩) 호박고지소 수수떡	018
전통방식 그대로 만든 감자떡	020
링도넛 모양 옥수수떡	022
팥고물 호박고지떡	024
강낭콩 고구마 현미설기	026
애호박고지 현미밥떡	028
생강찹쌀구이떡	030
검은콩밥떡구이	032
참취절편	034
말린 가지 굴떡볶이	036

죽 rice soup

현미새알심 넣은 동지팥죽	066
바닷내음 진한 굴미역죽	068
향긋쌉쌀 쑥갓누룽지탕	070
애호박고지 부추된장죽	072
보식에 좋은 검은콩죽	074
현미 방풍나물죽	076
근대 미더덕죽	078
시골의 맛, 시래기 들깨죽	080

빵&케이크 bread & cake

보릿가루 팬케이크	040
두메부추 콩물 달걀찜	042
전기밥솥으로 만드는 옥수수빵	044
쥐눈이콩 호떡	046
요구르트크림 호박크래커	048
수수 술호빵	050
팥양갱 호박빵	052
전기밥솥으로 만드는 현미콩빵	054
옥수수가루 입힌 감자크로켓	056
빵고물 입힌 늙은호박 도넛링	058
감자식빵 부추샌드위치	060
참취밀전병 채소말이	062

차례

한 그릇 밥 a bowl of rice

달래간장을 곁들인 냉이밥	084
훗잎나물 주먹밥	086
치자단무지 냉이김밥	088
머위쌈밥	090
무생채 굴비빔밥	092
박고지 깻잎김밥	094
시래기밥 군만두	096
마 시래기나물밥	098
호박장아찌 곰취쌈밥	100
동아장아찌 호박잎쌈밥	102
가지밥	104
봄나물 짜장오므라이스	106
고구마줄기 볶음밥	108
치자밥 샌드위치	110
콩나물밥 만두	112

국수 noodles

쥐눈이콩국수	134
가지냉국 콩잎국수말이	136
참취가락국수	138
검은콩청국장 호박국수볶음	140
돌나물물김치 국수말이	142
마 들깨수제비	144
열무김치 참취국수말이	146
애호박고지 잡채	148

샐러드 salad

오크라초회	116
토마토 국물샐러드	118
무장아찌 채소말이 무쌈	120
감귤시럽 양배추샐러드	122
무 사과샐러드	124
콩물 고구마샐러드	126
콩물드레싱 두메부추사과샐러드	128
상추 단호박 비빔수제비	130

전 pancake

오크라밥전	180
엄나무순 나물전	182
아욱나물전	184
김치통밀전병	186
감자채전	188
무튀김	190
꽃다지튀김	192
머위튀김	194
대파카레달걀말이	196
마 삼색전	198
달래전과 달래무침	200
가지구이	202

반찬 with side dish

나물콩조림	206
갓끈동부껍질콩 멸치볶음	208
박나물 볶음	210
수박껍질생채	212
야생초 꽃다지 조갯살볶음	214
늙은호박 고등어찜	216
마 쪽파무침	218
고사리 들깨탕	220
두부 고추장볶이	222
다슬기 아욱국	224
동아 깍두기	226
무 장아찌	228
오이피클	230
오징어 콩나물찜	232
들깨 순 밀전병무침	234
박고지 고추조림	236
무말랭이 멸치조림	238

다과 refreshments

검은콩크림 딸기빙수	152
현미밥강정	154
고구마 땅콩양갱	156
생강 매작과	158
고추부각	160
오크라차·무말랭이차·생강차	162
강낭콩크래커	164
들깨두부과자	166
수정과	168
현미튀밥 들깨강정	170
오디 팥빙수	172
고구마 호두조림	174
호박잼	176

기본소스만들기

재료 계량
1컵=200ml, 1큰술=15ml, 1작은술=5ml

집간장으로 만든 맛간장
집간장 300ml, 물 100ml, 채 썬 양파 1개를 섞어 끓인 뒤 식으면 국물만 받는다.

호박된장
씨가 들지 않은 살이 단단한 애호박을 된장에 박아 넣은 장아찌. 무침양념과 육수 재료로 사용한다.

육수
재료 = 물 6컵, 디포리 5개(또는 국물멸치 10개), 다시마 5cm 4장, 대파 1뿌리
달군 팬에 디포리(또는 멸치)를 굽듯이 살짝 볶아서 물·다시다·대파를 넣고 끓인다. 팔팔 끓기 시작하면 다시마를 건져낸 뒤 중불에서 20분가량 더 끓여 체에 걸러 물만 받는다. 단맛을 내려면 애호박고지나 양파를 넣어 끓인다.

단촛물
식초 3, 소금 1, 황설탕 1 비율로 섞어 끓여 식힌다.

초고추장
고추장 2, 식초 1, 올리고당 3/4

초간장
집간장으로 만든 맛간장 2, 육수 2, 식초 1

튀김 간장소스
집간장으로 만든 맛간장 2, 육수 2, 식초 1, 올리고당 1/2

①

PART 1 일러두기

- 현미로 떡을 만들면 구수한 맛과 영양이 백미와는 비교할 수 없을 만큼 진하다. 단맛을 내려면 부재료를 적절하게 활용하고, 쌀가루에 단맛 양념은 섞지 않는다.
- 현미는 이틀, 백미는 하루 동안 불리고, 여름철 현미는 물을 갈아주며 불린다.
- 재료는 실온과 같게 준비하고, 반죽은 뜨거운 물로 익반죽을 한다.
- 불린 현미를 가정용 분쇄기로 갈면 기계에 내린 것보다 입자가 굵어 체에 잘 내려가지 않는다. 물을 축인 후 1~2시간 지나서 내리면 쉽다.

떡
ricecake

LIST

전기밥솥으로 만드는 수수약밥
콩고물 빵고물 현미쑥떡
칡콩(제비콩) 호박고지소 수수떡
전통방식 그대로 만든 감자떡
링도넛 모양 옥수수떡
팥고물 호박고지떡
강낭콩 고구마 현미설기
애호박고지 현미밥떡
생강찹쌀구이떡
검은콩밥떡구이
참취절편
말린 가지 굴떡볶이

전기밥솥으로 만드는 수수약밥
sorghum & pumpkin ricecake

씹히는 맛이 진한 수수알과 부드럽고 고소한 땅콩이 어우러진 약밥은 한끼 식사 대용에 그만이다.
입맛이 없거나 속이 출출할 때, 소화가 안 되서 거북할 때도 약밥 한 조각이면 속이 편안해진다.
찜기에 찌지 않고 전기밥솥으로 간단하게 만들면, 이름값 그대로 몸에 좋은 약이 된다.

재료 ingredient
구분도미 찹쌀 2컵, 알수수 1컵, 땅콩 1컵, 늙은호박고지 100g, 호박고지 불리는 물 2컵, 흑설탕 1큰술, 참기름, 식용유

약밥소스(밥물) 호박고지 불린 물, 집간장으로 만든 맛간장 4⅓큰술, 흑설탕 5큰술에 물을 섞어 3컵 분량

tip > 필요한 밥물은 2½컵. 끓이면 약간 졸아들 것을 감안해서 3컵을 준비한다. 백미찹쌀은 밥물을 약간 적게 넣는다.

만드는 방법 how to make

1
찹쌀과 수수는 각각 6~7시간 물에 불려서 씻어 건진다.

2
불린 수수로 밥을 짓는다.

3
늙은호박고지는 한 번 씻어서 물 2컵에 흑설탕을 녹여 불린 후 1㎝ 길이로 썰고, 불린 물은 밥물을 잡을 때 사용한다.

4
땅콩은 팔팔 끓는 물에 식용유를 두어 방울 떨어뜨려 한소끔 익혀 건진다.

5
약밥 소스는 레시피 분량대로 끓여서 밥물 2½컵을 만든다.

6
전기밥솥에 수수밥을 맨 아래 깔고, 찹쌀과 땅콩, 호박고지를 올린 후 밥물을 붓고 고슬고슬하게 밥을 짓는다. 뜸이 들면 참기름을 넣고 위아래 뒤적여 훌훌 섞은 후 틀에 담아 모양을 낸다.

콩고물 빵고물 현미쑥떡
rice cakes with powdered bean

떡은 고물이 맛있어야 하고, 떡 자체의 맛도 살아 있어야 몸에도 좋은 음식이다. 반죽을 매끄럽게 치댄 후 얄팍하게 모양을 잡아 직접 만든 콩가루와 빵가루 고물을 입히면 인절미보다 쉽게 만들면서도 더 찰지고 부드러운 떡 맛을 느낄 수 있다.

재료 ingredient
현미멥쌀가루 400g, 찹쌀가루 100g, 쑥 400~450g, 소금 2/3큰술, 메주콩고물 1컵, 쑥빵고물 1½컵

tip > 쑥이 잘 갈아지지 않으면 냉동고에 얼린 후 분쇄기에 갈고, 실온과 같이 말랑말랑해지면 그때 반죽한다. 이때 한번 얼린 쑥은 수분이 많으니 분량 가늠을 잘 해야 한다.

만드는 방법 how to make

1
쑥은 간추린 후 씻어서 물기를 뺀다. 잎이 연하면 데치고, 질긴 쑥은 삶아서 분쇄기에 갈아준다.

2
쌀가루에 소금과 쑥을 넣고 손으로 비벼서 고루 섞은 후 성근 체에 내린다. 손으로 쥐어서 손자국이 선명하게 날 정도로 섞는다.

3
김이 오른 찜기에 면포를 깔고 2를 올린 뒤 위에도 면포로 덮고 30분가량 찐다.

4
넓은 볼에 쏟아 붓고 연한 소금물을 묻혀가며 절구 공이로 찧어서 적당히 식으면 손으로 매끈하게 치댄다.

5
한 입 크기로 떼어내 둥글린 후 고물에 묻혀서 손바닥으로 꾹 눌러준다.

+ 고물 만들기

쑥빵고물 만들기
밀가루 200g, 삶아서 갈은 쑥 120g, 황설탕 1큰술, 소금·이스트 1작은술씩. 만드는 방법은 p044 전기밥솥으로 만드는 옥수수빵 참조. 식으면 얇게 썰어서 약간 건조시킨 후 (또는 냉동고에 얼린 후) 분쇄기에 갈아준다.

콩고물 만들기
메주콩을 씻어서 김 오른 찜 솥에 40분가량 찐다. 마른 팬을 달궈서 약불로 줄인 후 고소하게 볶고, 식으면 소금과 황설탕을 약간씩 넣어 분쇄기에 곱게 갈아준다.

칡콩(제비콩) 호박고지소 수수떡
red bean & pumpkin cake ball

수수는 붉은 색이 액운을 물리쳐 준다고 믿어서 우리나라에서는 정월 보름이면 오곡밥을 짓고, 아이들 돌이나 생일에 무병장수를 기원하며 수수팥떡을 만들어 먹는다. 수수는 아이들의 언어와 청각 발달, 두뇌 계발에 도움을 주는 식재료로 알려져 있다.

재료 ingredient
수수가루 200g, 현미멥쌀가루 200g, 소금 1⅓작은술, 물 4~5큰술, 연한 소금물, 참기름

소 칡콩앙금(백색 칡콩 1컵, 소금 약간, 황설탕 2큰술), 호박고지조림(늙은호박고지 50g, 물 1컵, 황설탕 1큰술)

만드는 방법 how to make

1
수수는 6~7시간, 현미는 이틀 동안 물에 불려 씻어서 물기를 빼고 분쇄기에 곱게 갈아준다.

2
칡콩 1컵을 푹 잠기게 물을 붓고 물러지게 삶아서 소금과 황설탕을 넣고 물기 없이 조린 후 으깬다.

3
호박고지는 씻어서 물에 불린다. 부드러워지면 건져서 다지듯 잘게 썰고, 호박고지 불린 물을 붓고 황설탕을 넣어 물기 없이 조려서 2와 섞는다.

4
1에 팔팔 끓인 물을 조금씩 넣고 손으로 비벼서 고루 섞은 후 성근 체에 내린다. 김 오른 찜솥에 면포를 깔고 쌀가루를 올린 후 위에도 면포를 덮고 25~30분가량 찐다.

5
볼에 쏟아 붓고 연한 소금물을 묻혀가며 공이로 찧고, 어느 정도 식으면 손으로 치대서 매끈하게 만든다.

6
떡 반죽을 15~16개로 나눠서 둥글리고, 소는 같은 개수로 새알 크기로 빚어놓는다.

7
떡 반죽을 오목하게 한 후 소를 넣고 여미서 매끈하게 둥글린다.

8
들러붙지 않게 참기름을 약간만 묻힌다.

전통방식 그대로 만든 감자떡
potato farina ricecake

구수하고 쫄깃한 감자떡은 든든하고 소화도 가뿐한 영양식이다. 주된 재료는 감자에서 추출한 전분인데, 감자를 갈아서 걸러내는 간편한 방법도 있지만 토속적인 맛과 풍미는 썩혀서 발효시키는 전통방식으로 했을 때 더 진하게 배어난다. 감자떡 소는 팥고물보다 동부가 어울리고, 풋동부로 하면 더 부드럽고 달다.

재료 ingredient
감자전분 250g, 소금 1작은술, 물 350㎖, 참기름 약간

동부소 풋검정동부 2컵(여문 동부는 1컵), 소금 약간, 황설탕 5큰술

tip > 반죽할 때 끓인 물을 사용하기 때문에 자칫 화상을 입을 수 있다. 떡 반죽 전용장갑이나 면장갑에 일회용 비닐장갑을 겹쳐 끼고 반죽한다.

만드는 방법 how to make

1
검정동부는 씻어서 푹 잠기게 물을 붓고 삶는다. 여문 동부는 4~5시간 불려서 삶는다.

2
국물이 졸아들고 동부가 물크러질 정도로 익으면 황설탕과 소금을 넣고 주걱으로 으깬다.

3
반죽에 사용할 물은 팔팔 끓인다. 감자전분에 소금과 물을 넣고 숟가락이나 주걱으로 고루 섞은 후 매끈해지도록 치댄다.

4
매끈해진 반죽을 15개로 나누고, 동부소는 반죽과 같은 개수로 밤톨 크기로 둥글린다.

5
분할한 반죽을 손으로 좀 더 주물러 속을 오목하게 한 후 소를 넣고 여미서 손가락 모양이 나게 눌러준다.

6
김 오른 찜솥에 5를 안쳐서 25분가량 찐다.

7
채반에 담아서 한 김 나가면 참기름을 약간만 고르게 묻힌다. 감자떡은 따뜻하게 먹어야 맛있다. 식으면 데워 먹는다.

+ 감자전분 만드는 방법

1 감자는 껍질째 씻어 항아리에 담고 감자가 잠기도록 물을 부은 뒤 뚜껑을 덮고 썩힌다.
2 한 달 보름가량 지나서 물 위로 맑은 색깔의 감자가 동동 뜨면 커다란 그릇에 자루로 된 망을 놓고, 내용물을 쏟아 붓고 바락바락 주물러 껍질을 걸러낸다.
3 자주 물을 갈아주며 전분을 가라앉힌 후 윗물이 맑아지면 물만 따라낸다.
4 넓은 소쿠리에 면포를 받쳐 물기 섞인 전분을 쏟아 붓고 보송보송해지도록 짠 뒤 두껍고 반질거리는 종이 위에 얇게 펼쳐서 말린다.
5 완전히 굳기 전에 손으로 살살 비벼서 덩어리지지 않게 하고, 덩어리가 남으면 분쇄기에 갈아준다. 이물질이 섞이지 않게 고운체에 한 번 내리면 뽀얀 감자전분 완성.

링도넛 모양 옥수수떡
corn flour bundt cake

산골 옥수수는 수수와 같은 붉은색 옥수수다. 가루 내어 떡을 찌거나 빵을 만들면 색감도 좋고 옥수수 고유의 향과 맛이 진하게 올라온다. 옥수수와 현미가 어우러져 떡맛이 구수하고 쫄깃한데다 톡톡하게 씹히는 고물이 치감을 자극해 씹을수록 고소하다.

재료 ingredient
찐 옥수수가루 300g,
현미찹쌀가루 180g,
현미멥쌀가루 120g, 소금 2작은술,
물 1컵

떡고물 찐 풋옥수수가루·여문 옥수수가루 90g씩(수북하게 1컵씩), 소금·황설탕 약간씩

tip > 자색 옥수수는 풋옥수수와 여문 옥수수의 색깔이 다르다. 떡 반죽은 구분하지 않더라도 고물은 두 가지로 준비하면 좋다.

만드는 방법 how to make

1
풋옥수수는 찌고, 마른 옥수수는 압력솥에 1.5배가량 물을 붓고 푹 삶아서 물기가 마르면 각각 분쇄기에 곱게 갈아준다.

2
옥수수가루·쌀가루에 소금을 넣고, 반죽 물은 팔팔 끓여 둔다.

3
물은 반죽 농도를 가늠하기 좋게 두세 번 나누어 넣고 치대서 매끈해지면 30분가량 면포로 덮어놓는다.

4
고물로 사용할 옥수수가루에 소금과 황설탕을 약간씩 넣어 고루 섞는다.

5
반죽을 30g씩 분할해 꼭꼭 뭉쳐서 둥글린 후 손바닥을 포개서 납작하게 만든다. 바닥에 놓고 중앙에 손가락이나 나무젓가락으로 구멍을 내어 링 모양으로 빚는다.

6
찜 틀에 면포를 깔고 5를 담아 김 오른 찜 솥에 30분가량 찌고, 이쑤시개로 찔러서 묻어나지 않으면 꺼낸다.

7
곧바로 찬물에 담갔다 건져서 물기가 마르기 전에 고물을 넉넉하게 묻힌다.

팥고물 호박고지떡
red bean & pumpkin ricecake

팥고물 호박고지떡의 감칠맛은 포슬포슬한 팥고물과 달고 꼬들꼬들한 호박고지가 빚어낸다.
늙은 호박을 햇볕에 말리면 생호박보다 몇 배로 달콤하고 영양분이 응축되어 맛이 진하다.
호박고지와 버무린 떡은 찰기가 좋아서 식어도 말랑말랑하고, 현미로 인해 뒷맛이 한결 구수하다.

재료 ingredient
현미멥쌀가루 300g, 소금 1작은술, 물 3~4큰술, 늙은호박고지 140g, 호박고지 불리는 물 1½컵

팥고물 검정팥(또는 붉은팥) 2컵, 물 4~5컵, 소금 1작은술, 황설탕 6큰술

만드는 방법 how to make

1
팥은 푹 잠기게 물을 붓고 삶아서 끓어오르면 물을 따라낸 뒤 물 4~5컵을 다시 붓고 푹 삶는다. 국물이 졸고 팥알이 부드럽게 익으면 황설탕과 소금을 섞고, 다시 열을 가해 물기를 날린다.

2
삶은 팥은 주걱으로 뒤적여 적당히 으깬 후 넓적한 쟁반에 펼쳐서 식힌다.

3
늙은호박고지는 3~4㎝ 길이로 자른다.

4
3을 한 번 씻어서 물에 불린 후 부드러워지면 체에 밭쳐 물기를 빼고, 남는 물은 떡 반죽에 사용한다.

5
멥쌀가루에 소금을 넣고, 팔팔 끓인 물을 조금씩 넣어가며 손으로 비벼서 고루 섞는다.

6
쥐어서 손자국이 날 정도로 쌀가루에 수분이 배면 성근 체에 내린다.

7
4의 호박고지를 6에 섞는다.

8
찜 틀에 면포를 깔고 떡 틀(또는 적당한 크기의 찜기)을 올린다. 팥고물을 질반이 조금 못되게 판판하게 깔은 뒤 7을 담고 남은 팥고물을 펼쳐 놓는다.

9
찜 솥에 물을 끓여 김이 오르면 8을 안치고, 물기가 닿지 않게 위에도 면포를 덮어서 30분가량 찐다. 이쑤시개를 찔러서 묻어나지 않으면 꺼낸다.

강낭콩 고구마 현미설기
kidney bean & sweet potato ricecake

고구마로 자연 단맛을 살린 현미설기는 입에서 달콤하게 녹는 부드러운 떡이다.
색이 고운 강낭콩을 넣으면 떡이 화사해지고, 다른 콩 종류나 동부로 대신해도 나름의 맛이 있다.
설탕이 들어가면 떡 고유의 맛이 떨어지니, 되도록 자연 그대로의 단맛을 즐기도록 하자.

재료 ingredient
현미멥쌀가루 400g, 고구마 200g, 강낭콩 1/2컵, 물 6큰술, 소금 1큰술

만드는 방법 how to make

1
여문 강낭콩은 4~5시간 물에 불린 후 푹 잠기게 물을 붓고 삶아서 국물이 졸아들고 콩이 익으면 소금을 약간 넣어 좀더 익힌다. 체에 밭쳐 물기를 뺀다.

2
고구마는 껍질을 벗겨서 자잘하게 깍둑 썰기한다.

3
쌀가루에 소금을 넣고, 뜨거운 물을 조금씩 넣어가며 손으로 비벼서 고루 섞는다. 손으로 쥐어서 손자국이 날 정도로 수분이 배면 성근 체에 내린다.

4
체에 내린 쌀가루에 1과 2를 섞는다.

5
김 오른 찜 솥에 면포를 깔고 4를 올린 후 위에도 면포로 덮고 30분가량 찐다.

6
이쑤시개를 찔러서 묻어나지 않으면 꺼낸다.

애호박고지 현미밥떡
dried pumpkin ricecake

주로 나물반찬을 해 먹는 애호박고지를 이용해 손쉽게 밥떡을 만들어본다. 밥떡은 쌀을 가루 내어 찐 떡보다 만들기 쉬우며, 포만감도 크고 소화도 잘 된다. 채소 샐러드나 달걀전을 곁들이면 한끼 식사로도 손색 없다.

재료 ingredient
현미·구분도미 1컵씩, 소금 1/2큰술, 물 2½컵, 애호박고지 70g, 호박고지 불리는 물 2컵, 갓끈동부소 500g, 쑥빵고물, 호박빵고물, 자색 옥수수고물 각각 2/3컵씩

갓끈동부소 갓끈동부 2컵, 물 4~5컵, 소금 1작은술, 황설탕 6큰술

tip > 애호박고지를 넣으면 자연단맛과 씹히는 맛이 진하고, 늙은호박고지로 하면 더 달콤하고 부드럽다. 밥떡은 현미에 찹쌀을 섞으면 더 찰진 맛이 난다. 여름철에는 현미로 하는 것이 좋고, 겨울철에는 찹쌀만으로 밥떡을 만들어도 된다.

만드는 방법 how to make

1
현미와 구분도미는 7~8시간 물에 불린 후 씻어서 건진다.

2
애호박고지는 한 번 씻어서 물 2컵을 넣고 불린다. 부드러워지면 건져서 잘게 썰고 불린 물은 밥물로 사용한다.

3
1을 솥에 안치고 밥물 3컵(호박고지 불린 물 포함)을 붓고 소금을 녹인 후 호박고지를 올려서 밥을 짓는다.

4
뜸이 들면 푹 퍼지도록 10분 이상 두었다 주걱으로 뒤적인다.

5
주걱으로 뒤적이며 적당히 으깬 뒤 뜨거운 김을 식힌다.

6
밥떡은 한 숟갈, 소는 한 찻숟갈 분량으로 동글동글하게 빚는다.

7
분할한 밥떡을 손으로 좀 더 주물러서 오목하게 한 후 소를 넣고 여민다.

8
소를 넣은 밥떡에 고물을 묻힌다.

9
세 가지 색 고물을 묻힌 밥떡. 바로 냉동보관하고 먹기 전 실온에 두면 첫맛 그대로 즐길 수 있다.

생강찹쌀구이떡
ginger pounded rice cake

몸을 따뜻하게 하고 혈관을 건강하게 유지해 주는 생강은 소화 흡수 능력과 면역력을 고루 높여준다. 생강차를 우려내고 남은 생강을 곱게 다지거나 갈아서 떡에 활용해 본다. 생강향이 은은하게 풍겨서 아이들도 맛있게 먹을 수 있는 간식이다.

재료 ingredient
현미찹쌀가루 200g, 멥쌀가루 50g, 차 우린 생강 30g(또는 생강 15~20g), 소금 2/3작은술, 물 4큰술, 대추 3개.
시럽(황설탕·올리고당·물 3큰술씩), 식용유

tip 〉 동글납작하게 지지는 생강찹쌀구이떡에 진달래 꽃잎을 한장 올려서 화전처럼 마무리해도 멋스럽다. 생강 대신 쑥이나 참취로 불의 향기를 담아도 좋겠다.

만드는 방법 how to make

1
차를 우리고 남은 생강은 분쇄기에 곱게 갈아준다.

2
쌀가루·멥쌀가루·생강·소금을 섞은 후 뜨거운 물을 조금씩 넣어가며 약간 되직하게 반죽해서 매끈하게 치댄다.

3
반죽을 12개로 나눠서 둥글린 후 마르지 않게 면포로 덮어놓는다.

4
대추는 씨를 빼고 돌돌 말아서 얇게 썬다.

5
기름 두른 팬을 달궈서 약불로 줄인다. 3을 동글납작하게 눌러준 뒤 팬에 올리고, 대추를 한 조각씩 박아준다. 대추는 속으로 쏙 들어가야 뒤집었을 때 타지 않는다.

6
밑면에 색이 나면 뒤집어서 노릇노릇하게 굽는다.

7
채반에 담아서 한 김 나가도록 식힌다.

8
시럽 재료를 분량대로 넣어서 젓지 말고, 설탕이 녹고 보글보글 거품이 일도록 끓인다. 떡을 접시에 담은 후 시럽을 얹는다.

검은콩밥떡구이
black bean rice cake

콩을 싫어하는 어른이나 아이들도 가볍게 먹을 수 있는 검은콩밥떡구이. 한입 크기로 빚으면
먹기도 좋고, 찰진 밥과 콩 고유의 단맛이 어우러져 콩밥과는 전혀 다른 식감을 자아낸다.
살짝 구우면 누룽지처럼 바삭하고 구수해서 자꾸만 손이 가는 음식이다.

재료 ingredient
검은콩(서리태) 1컵, 현미 1½컵, 찹쌀 1/2컵, 소금 1/2큰술, 밥물 2컵

tip > 밥떡구이는 동부나 다른 콩으로 대신해도 되는데 검은콩으로 해야 더 구수하다. 한입 크기로 만들어 나들이 도시락으로 싸가면 안성맞춤.

만드는 방법 how to make

1
현미는 7~8시간 물에 불려서 씻어 건지고, 검은콩은 3~4시간 불린 후 분쇄기에 성글게 갈아준다.

2
솥에 쌀을 안치고 밥물을 부운 뒤 소금을 넣어 녹이고, 갈은 검은콩을 올려서 밥을 짓는다.

3
뜸이 들면 주걱으로 위아래 뒤적이며 약간만 으깬다.

4
적당히 식으면 한 숟갈 분량으로 덜어서 손으로 꼭꼭 주물러 놓는다.

5
하나씩 좀 더 주물러서 동글납작하게 모양을 잡는다.

6
달군 팬에 기름 없이(또는 들기름을 약간 두르고) 밥떡을 구워서 치자단무지, 머위튀김, 딸기(또는 샐러드, 장아찌, 그 외 과일 등)를 곁들인다.

참취절편
rough aster pounded ricecake

단오 무렵의 취나 쑥으로 떡을 만들면 그 맛과 향이 일품이다. 산나물의 왕이라 부리는
참취는 잎이 연할 때는 나물이나 쌈, 생채로 먹고 초여름에 크게 자란 잎은 떡을 만들기 좋다.
취나물 특유의 쌉쌀한 맛이 향긋하게 변하는 취떡은 쫄깃한 식감에 소화도 잘 된다.

재료 ingredient
현미멥쌀가루 400g, 간추린 참취 150g, 소금 1/2큰술, 연한 소금물, 참기름

tip > 쑥떡은 쑥과 쌀을 같게 하거나 쑥을 더 많이 넣어야 떡이 찰지고, 참취는 과하게 넣으면 쌉쌀한 맛이 거북할 수도 있다. 연한 잎은 데치지 않아도 된다.

만드는 방법 how to make

1
참취는 초여름에 크게 자란 질긴 잎으로 만들어도 된다. 센 줄기는 다듬어 버린다.

2
끓는 물에 데쳐서 찬물에 헹군 뒤 물기를 꼭 짠다. 물기를 최대한 제거해야 떡 반죽이 질어지지 않는다.

3
훌훌 헤쳐서 비닐팩에 담아 냉동고에 얼린다. 봉지째 손으로 적당히 부순 후 분쇄기에 곱게 갈아준다.

4
3이 실온과 같아지면 현미가루에 소금과 3을 넣고 손으로 비벼서 고루 섞는다. 물기를 꼭 짠 뒤 얼렸다 갈면 수분이 적당해서 반죽에 물은 넣지 않는다.

5
김 오른 찜솥에 면포를 깔고 4를 안치고 위에도 면포를 덮어서 25~30분가량 찐다.

6
이쑤시개를 찔러서 가루가 묻어나지 않으면 넓은 볼에 옮겨 담는다.

7
절구 공이로 찧어서 어느 정도 식으면 매끈해지게 손으로 오래 치댄다.

8
2~3등분해서 하나씩 도마에 놓고 손바닥으로 둥글려가며 길게 가래떡 모양을 만든다.

9
한 입 크기로 잘라서 기름을 약간 묻힌 떡틀로 눌러준다.

말린 가지 굴떡볶이
dried eggplant stir-fried rice cake

떡과 채소만 준비되어 있으면 뚝딱 만들 수 있는 간식이다. 그냥 가지나물은 물컹하지만, 말린 가지를 볶으면 꼬들꼬들하게 씹히는 맛이 진하다. 말린 가지에 굴맛이 배어나 떡과 함께 어울리는 맛의 궁합이 좋다.

재료 ingredient
가래떡 6cm 4토막(160g), 말린 가지 30g, 양파 1/2개, 굴 1/3컵, 멸치육수 2/3컵, 집간장으로 만든 맛간장 1⅓큰술, 들기름, 대파, 후추, 통깨

tip > 감칠맛은 말린 가지와 굴이 빚어내는 것, 말린 가지와 굴만 볶아도 맛있고, 애호박고지나 박고지로 대신해도 된다. 또는 고추장 양념으로 무말랭이 굴떡볶이를 만들어도 별미다.

만드는 방법 how to make

1
말린 가지는 미지근한 물에 담가서 부드러워지도록 불린다.

2
불린 가지는 팔팔 끓는 물에 넣어 10~15분 정도 삶아서 건진다.

3
양파는 채 썰고, 대파는 어슷하게 썰고, 가래떡은 세로로 4등분한다.

4
들기름 두른 팬을 달궈서 가지와 양파를 볶다가 맛간장으로 간을 하고, 가지에 간이 배도록 볶는다.

5
육수를 붓고 보글보글 끓으면 굴과 가래떡을 넣어 뒤적여가며 볶는다.

6
떡이 부드럽게 익으면 불을 끄고 대파, 통깨, 후추를 섞는다.

②

PART 2 **일러두기**

- 빵 반죽에 들어가는 재료는 실온과 같게 준비한다.
- 발효 빵은 반죽 물을 미지근하게 하면 발효시간을 단축할 수 있다.
  단, 물 온도가 너무 높으면 발효기능이 상실된다.
- 채소나 옥수수로 가루를 만들 때 냉동고에 얼리면 쉽게 갈아지는 반면
  수분이 많아지므로 반죽할 때 질기를 가늠해 물 양을 조절한다.
- 수분이 많은 부재료는 두세 번 나눠 넣으면서 반죽 농도를 맞춘다.
- 한 번에 여유 있게 반죽해 먹을 만큼만 만들고 나머진 냉장보관해도 된다.
  충분히 발효가 되었던 반죽을 냉장고에 넣으면 발효는 크게 진행되지 않고,
  실온에 두면 다시 살아난다.

빵&케이크
bread&cake

LIST

보릿가루 팬케이크
두메부추 콩물 달걀찜
전기밥솥으로 만드는 옥수수빵
쥐눈이콩 호떡
요구르트크림 호박크래커
수수 술호빵
팥양갱 호박빵
전기밥솥으로 만드는 현미콩빵
옥수수 가루 입힌 감자크로켓
빵고물 입힌 늙은호박 링도넛
감자식빵 부추샌드위치
참취밀전병 채소말이

보릿가루 팬케이크
barley flour pancake

즉석에서 만들어 먹기 좋은 팬케이크는 아이들 간식으로 그만이다. 담백한 빵과 촉촉한 시럽이 감칠맛 나게 어울리는 팬케이크에 밀가루를 줄이고 보릿가루를 넣어보자. 보리의 구수한 맛이 느끼함을 덜어주고, 달콤한 시럽을 곁들여도 뒷맛이 개운하다.

재료 ingredient
보릿가루 100g, 통밀가루 50g, 달걀 1개, 황설탕 2큰술, 우유 180㎖, 올리브유 1큰술, 베이킹파우더·소금 1/2작은술씩, 볶아서 으깬 땅콩 2/3큰술, 식용유 약간

시럽 흑설탕(또는 황설탕), 올리고당, 물 3큰술씩

tip ❯ 보릿가루 대신 다른 곡물가루나 채소분말을 넣어 색과 맛을 살려도 특별하다.

만드는 방법 how to make

1
보릿가루, 통밀가루, 베이킹파우더는 섞어서 체에 내린다.

2
황설탕에 달걀을 풀어서 설탕을 녹이고 거품을 올린다.

3
우유, 올리브유, 1과 소금을 순서대로 넣어가며 고루 젓는다.

4
기름 두른 팬을 달궈서 약불로 줄인 뒤, 반죽을 한 국자씩 떠 넣고 표면에 기포가 약간 생기면 뒤집어서 익힌다. 기름을 적게 쓰고 은근한 불에서 구워야 색이 곱게 난다.

5
한 김 나가도록 채반에 받쳐 놓는다.

6
시럽 재료를 한 번에 넣고 보글보글 거품이 일도록 끓인다. 접시에 팬케이크를 담은 뒤 한 김 나간 시럽을 붓고 땅콩을 솔솔 뿌린다.

두메부추 콩물 달걀찜
steamed egg with soymilk and chives

두메부추는 일반 부추에 비해 육질이 두툼하고 알로에 같은 즙이 많아 위장 활동을 활성화시키고 소화를 돕는다. 날 것으로 먹으면 고유의 향과 씹히는 맛이 진하고, 살짝 익히면 부드러워진다. 콩물과 달걀을 섞어 찜을 하면 은근한 단맛까지 더해져 영양식으로 그만이다.

재료 ingredient
두메부추 70g, 콩물 3/4컵, 달걀 3개, 감자 50g, 당근 30g, 홍고추 1개, 소금 1작은술, 식용유

콩물 메주콩 1컵, 물 550㎖, 소금 2/3작은술

tip 〉 달걀이 들어가는 찜요리나 국물 음식에 콩물을 넣으면 자칫 비릿한 달걀 냄새를 잡아주고, 음식 맛을 한결 구수하게 한다.

만드는 방법 how to make

1
4~5시간 물에 불린 메주콩에 푹 잠기게 물을 붓고, 팔팔 끓기 시작하면 7~8분가량 삶는다. 냉수에 담가 손으로 비벼서 껍질을 걸러낸다.

2
물 절반을 넣어 뻑뻑하게 간 다음 나머지 물과 소금을 넣어 곱게 갈아준다. 콩물은 거르지 않는다.

3
두메부추는 씻어서 물기를 뺀다.

4
두메부추는 1㎝ 길이로, 감자와 당근은 다지듯 잘게 썰고, 고추는 링 모양으로 썰어서 씨를 털어낸다.

5
달걀을 풀어서 메주콩물과 소금을 고루 섞은 뒤 두메부추, 감자, 당근을 섞는다.

6
지름 한 뼘 남짓 프라이팬에 기름칠을 고르게 해서(흥건하면 닦아낸다) 달군 후 약불로 줄인다. 버무려놓은 찜 재료를 붓고 홍고추를 보기 좋게 올린 후 뚜껑을 닫고 은근한 불에서 8~10분가량 익힌다.

7
가운데를 이쑤시개로 찔러서 묻어나지 않으면 불을 끄고, 한 김 나가면 접시에 옮겨 담는다.

전기밥솥으로 만드는 옥수수빵
corn bread

전기밥솥에 구운 빵은 식감이 구운 빵과 찌는 빵의 중간쯤 된다. 밑면은 갈색으로 변하지만 윗면은 크게 다르지 않고, 속은 촉촉하고 겉은 바삭한 맛이 난다. 제철에 거둔 옥수수를 보관해 두었다가 현미를 곁들여 빵을 만들면 밥만큼이나 속이 든든하고, 몸은 가뿐하다.

재료 ingredient
찐 노란색 옥수수 알 120g, 붉은 옥수수 알 100g, 통밀가루 250g, 현미멥쌀가루 70g, 달걀 1개, 황설탕 1큰술, 이스트·소금 1⅓작은술씩, 물 3/4컵

전기압력밥솥 4~6인용
사용(찜기에 찌거나 오븐에 구워도 됨)

tip > 만든 옥수수빵은 밑면을 적당한 두께로 잘라서 다시 밥솥에 안치고, 끓인 양갱을 부어서 굳히면 케이크 같은 빵양갱이 된다. 식빵 두께로 썰어서 토스트나 샌드위치를 만들어도 좋다.

만드는 방법 how to make

1
노란색 옥수수 알은 분쇄기에 곱게 갈아준다.

2
이스트·설탕·소금을 서로 닿지 않게 밀가루에 섞은 후 쌀가루, 노란 옥수수가루, 붉은 옥수수 알을 섞는다.

3
달걀과 물을 넣고 손으로 매끈하게 치댄다.

4
전기밥솥에 반죽을 안치고 2배 이상 부풀어 오르도록 1시간~1시간 30분 발효시킨 후 부진하면 추가발효를 해준다.

5
충분히 발효된 반죽은 40분 굽기를 진행하고, 꺼낼 때는 밥솥을 옆으로 살짝 기울이면서 바닥을 톡톡 쳐 준다.

6
채반에 밭쳐서 한 김 나가면 용도에 맞춰 자른다. 남은 건 식빵 두께로 썰어 냉동보관한다. 말랑말랑한 상태에서 얼리면 해동되어도 처음 그대로의 맛을 느낄 수 있다.

쥐눈이콩 호떡
small bean and sugar-filled pancake

쥐눈이콩은 일반 검은콩보다 알은 작지만 영양이 풍부하고, 자연 단맛과 포만감을 준다. 한방에서는 항암효과와 함께 당뇨, 고지혈증, 신장 질환을 다스리고 어린이 성장도 촉진하는 효능이 있다고 알려져 있다. 특히 밀가루 같은 당류와 함께 먹으면 식단의 균형감을 잡아준다.

재료 ingredient
통밀가루 250g, 쥐눈이콩 1/4컵, 황설탕 1큰술, 이스트·소금 1작은술씩, 물 350㎖, 호떡 소, 식용유

소 흑설탕 5큰술, 계피가루 1작은술, 볶아서 성글게 으깬 땅콩·볶은 해바라기씨 1큰술씩

tip 쥐눈이콩 대신 알이 굵은 검은콩을 성글게 으깨 넣어도 된다. 반죽에 소를 넣지 않고 전병처럼 얇게 구우면 더 바삭하고 고소하다.

만드는 방법 how to make

1
쥐눈이콩은 3~4시간 불린 후 푹 잠기게 물을 붓고 삶는다. 불린 콩은 10분 남짓 삶으면 부드럽게 익는다. 국물이 남으면 반죽물로 사용한다.

2
설탕·이스트·소금이 서로 닿지 않게 각각 밀가루에 섞은 뒤 쥐눈이콩과 물을 넣고 매끈하게 치댄다.

3
상온을 유지해서 2배 이상 팽창되도록 발효시킨다.

4
소 재료를 분량대로 섞는다.

5
3이 충분히 발효되면 8~9개로 나눠서 소를 넣고 잘 여민다.

6
기름 두른 팬을 달군 후 불을 약간 줄이고 5를 하나씩 올린 뒤 호떡 누르개(또는 숟가락)로 눌러서 밑면에 색이 나면 뒤집어서 바삭하게 굽는다.

요구르트크림 호박크래커
pumpkin cracker with yogurt cream

흔히 늙은호박으론 죽 정도만 끓여먹는 게 다인데, 갈아서 밀가루 반죽에 더하면 국수나 빵, 크래커 등에 요긴하게 활용할 수 있다. 호박 색은 진할수록 당도가 높고 맛도 깊을 뿐더러, 반죽의 빛깔이 식욕을 자극한다. 크래커를 만들어 요구르트크림까지 곁들이면 달콤한 디저트 완성.

재료 ingredient

호박크래커 통밀가루 200g, 분쇄기에 간 늙은호박 180㎖, 소금 3/4작은술, 식용유

요구르트크림 수제 요구르트 1½컵, 달걀 2개, 황설탕 70g, 통밀가루 25g, 소금 약간

tip › 크래커 반죽은 늙은 호박 대신 단호박으로 해도 되고, 쪄서 으깨 넣으면 더욱 맛있다.

만드는 방법 how to make

1
거품기로 바닥을 긁어도 좋은 팬에 달걀, 황설탕, 통밀가루, 소금을 넣고 거품기로 저어서 고루 섞는다.

2
별도의 냄비에 요구르트를 끓여서 1에 붓는다.

3
거품기로 바닥을 긁듯이 저어가며 끓인다.

4
걸쭉해지면서 표면이 굳어지면 약간만 더 끓여서 식힌 후 냉장 보관한다.

5
늙은호박을 작게 썰어서 호박이 갈아질 정도로만 물을 넣어 분쇄기에 갈아준다. 밀가루에 소금을 넣고, 간 호박은 두세 번 나눠 넣고 되직하게 반죽한다.

6
매끈해지면 랩을 씌워 30분 이상 두었다 한 번 더 치댄다.

7
호박 반죽은 얇게 밀어서 포크로 사방을 콕콕 찍은 뒤 쿠키 틀이나 패트병을 잘라서 지름 4㎝ 크기로 찍어낸다.

8
170~180℃의 기름에 바삭하게 튀긴다.

9
튀김망에 밭쳐 기름을 뺀다. 크래커와 크림은 따로 담아내거나 사이에 크림을 넣은 샌드크래커를 만든다.

수수 술호빵
ferment makgeolli to make millet bread

수수는 골격을 튼튼히 하고 혈액순환이 원활하도록 돕는 재료로, 손발이 차가울 때도 꾸준히 먹으면 좋다. 수수호빵은 반죽이 잘 발효되어야 소화가 잘 되는데, 이스트 대신 막걸리를 사용하면 발효가 잘 되고 뒷맛도 개운하다. 수수의 구수한 맛과 달콤하고 부드러운 팥소가 어우러진 깊은 맛을 경험해보자.

재료 ingredient
밀가루 300g, 수수가루 120g, 소금 1/2큰술, 황설탕 1큰술, 막걸리 2¼컵

팥소 팥 2컵, 소금 1작은술, 황설탕 6큰술, 물 4~5컵

tip › 이스트는 소금과 직접 닿으면 발효기능이 상실될 수도 있지만 막걸리는 그럴 염려가 없다. 단, 실온이 높을 때 발효가 지나치면 반죽에 탄력이 없고, 익혔을 때 거북한 맛이 난다.

만드는 방법 how to make

1
밀가루, 수수가루, 소금, 황설탕을 고루 섞은 뒤 막걸리를 넣어 매끈하게 치댄다.

2
1에 랩을 씌우고 따뜻한 물을 받쳐주거나 발효기능이 있는 전기밥솥을 이용해 2배 이상 부풀어 오르게 한다.

3
팥이 푹 잠기게 물을 붓고 끓으면 물을 따라낸 뒤 다시 물 4~5컵을 붓고 팔팔 끓으면 중불에서 30~40분가량 삶는다. 물기가 없어지면 설탕과 소금을 넣어 촉촉하게 으깨어 소를 만든다.

4
1차 발효된 반죽 2를 손으로 눌러 가스를 빼고 14~15개로 나눠서 둥글린다.

5
4에 랩을 씌워 5~10분 중간발효를 한다. 팥소를 넉넉히 넣고 여며서 둥글린 뒤 면포를 깔은 찜틀에 적당한 거리를 두고 올린다.
tip › 찜솥에 물이 끓으면 불을 끄고 찜틀을 올려 뚜껑을 닫고 20~30분 동안 솥 안에 담긴 열기로 2차 발효를 한다.

6
찜틀을 내리고 솥에 열을 가해 김이 오르면 다시 찜틀을 올리고 센 불에서 25~30분가량 찐다. 이쑤시개로 찔러서 묻어나지 않으면 꺼낸다.

팥양갱 호박빵
pumpkin bread with sweet jelly of red beans

담백한 호박빵 위에 팥양갱을 올린, 흡사 초콜릿 케이크를 닮은 디저트. 달콤하지만 전혀 자극적이지 않고, 부드럽게 넘어가 부담이 없다. 전기밥솥을 이용해 만들기도 간단하고 이웃들에게 선물로 나눠주기도 부담이 없는, 솜씨 자랑하기 좋은 요리다.

재료 ingredient
전기밥솥 베이킹 호박빵 2.5~3㎝ 두께, 팥앙금 500g, 실한천 12g, 황설탕 7큰술, 소금 약간, 물 2컵, 볶아서 으깬 땅콩 2큰술

호박빵 통밀가루 350g, 물을 약간 섞어 갈은 늙은호박 350㎖, 황설탕 1큰술, 소금·이스트 1작은술씩

만드는 방법 how to make

1
호박빵 만들기. 반죽 재료를 섞어 매끈해지게 치댄 후 전기밥솥에 안쳐서 발효와 굽기를 한다.

tip> 만드는 방법은 p044 전기밥솥으로 만드는 옥수수빵 참조

2
호박빵이 식으면 아래쪽을 2.5~3㎝ 두께로 자른다.

3
팥양갱 만들기. 실한천은 물에 불려 부드러워지면 건져서 물기를 뺀다. 냄비나 조림팬에 물 2컵을 붓고 팔팔 끓으면 한천을 넣고 말갛게 풀어지면 황설탕을 넣는다.

tip> 팥앙금 만드는 방법은 p050 수수술호빵 참조

4
설탕이 녹으면 불을 끄고 팥앙금과 소금을 넣어 고루 풀어준 뒤 끓인다.

5
보글보글 끓기 시작하면 약불로 줄이고, 바닥에 눌어붙지 않게 주걱으로 저어가며 걸쭉하게 조린다.

6
자른 호박빵을 밥솥에 안친 후, 한 김 나간 팥양갱을 붓고 땅콩을 뿌린다.

7
따로 열을 가하지 않고, 양갱이 굳으면 뒤집어엎어 꺼내서 적당한 크기로 썬다.

전기밥솥으로 만드는 현미콩빵
black bean bread

언뜻 보면 콩설기 같기도 한 빵이다. 실제 전기밥솥으로 만들기 때문에 밀가루빵의 포실한 식감도 살아 있고, 촉촉하고 찰진 설기떡의 느낌도 난다. 고소하게 넘나드는 씹는 맛 덕분에 포만감도 좋아 아침 식사 대용으로 그만이다.

재료 ingredient
통밀가루 220g, 현미멥쌀가루 130g, 아주까리태(또는 검은콩) 3/4 컵, 소금·이스트 1작은술씩, 황설탕 1큰술, 물 1컵

만드는 방법 how to make

1

2

3

아주까리태는 냄비에 담아 푹 잠기게 물을 붓고 삶아서 콩이 부드럽게 익으면 소금을 약간만 넣고 물기 없이 조려서 식힌다. 국물이 남으면 반죽물에 사용한다.

밀가루·쌀가루에 소금·이스트·설탕이 서로 닿지 않게 각각 섞은 뒤 콩을 섞고, 물을 넣어 주걱으로 치댄다.

전기밥솥에 반죽을 안치고 2배 이상 부풀도록 1시간~1시간 30분가량 발효시킨다.

4

5

6

발효가 충분히 이뤄지면 굽기를 40분간 진행한다.

구운 빵은 한 김 나가도록 식힌 후 식빵 두께로 썬다.

마른 팬을 달궈서 기름 없이 구우면 더 고소하다.

옥수수 가루 입힌 감자크로켓
croquette with corn powder

제철 감자를 으깨서 만든 크로켓에 빵가루 대신 찐 옥수수를 가루 내어 묻혀 본다. 겉은 고소하고 속은 담백한 영양간식이다. 반죽에 풋고추를 다져 넣으면 매콤하면서도 느끼하지 않아 어른들 술안주로도 더할나위 없다.

재료 ingredient
감자 550g(4개), 양파 120g, 애호박고지 25g, 당근 30g, 풋고추 2개, 소금, 후추, 소금 1/2큰술, 달걀 1개, 찐 옥수수가루 2컵, 통밀가루 약간, 식용유

tip> 한번에 많이 만들어두면 옥수수가루를 묻힌 채 냉장 보관해 둔다. 나중에 먹을 만큼만 튀겨도 된다.

만드는 방법 how to make

1
여문 옥수수를 압력솥에 삶은 뒤 식힌다. 분쇄기에 갈아 햇볕에 보송보송하게 말린다.

2
감자는 껍질 채 찜기에 쪄서 껍질을 벗기고 으깬다.

3
애호박고지는 물에 불려서 부드러워지면 한 번 헹궈서 물기를 짠다. 애호박고지, 당근, 양파, 풋고추는 잘게 썬다.

4
기름 두른 팬을 달궈서 3에서 고추를 제외한 채소를 볶고, 소금을 약간 넣어 짜지 않게 간을 한다.

5
2에 4와 고추를 넣어 비빈다. 간이 부족하면 소금으로 맞추고 후추를 섞는다.

6
5가 식으면 수북하게 한 숟갈 분량으로 덜어 동글납작하게 토닥인다. 16개로 나누면 크기가 적당.

7
달걀 한 개를 고루 푼다. 6을 통밀가루, 달걀물, 옥수수 가루 순서로 묻힌다.

8
170~180℃의 기름에 바삭하게 튀겨 튀김망에 건진다. 한번 튀길 때마다 기름에 가라앉은 부스러기를 건지면 마지막 튀김까지 깔끔하다.

빵고물 입힌 늙은호박 링도넛
pumpkin doughnut

갈아놓으면 당근 만큼이나 진한 색을 내는 늙은호박은 손에 꼽을만한 컬러푸드다. 여느 도넛처럼 버터와 달걀, 설탕을 가득 넣기 보다는 곱게 간 늙은호박을 밀가루 반죽과 섞어 2차 발효시켜 주면 쫄깃하고도 향긋한 건강 도넛을 만들 수 있다.

재료 ingredient
밀가루 400g, 갈은 늙은호박 250㎖, 달걀 1개, 황설탕 1큰술, 소금·이스트 1작은술씩, 감귤시럽 약간, 호박빵고물 1/2컵, 식용유

만드는 방법 how to make

1
색이 진하고 당도가 높은 늙은호박 과육을 작게 썰어서 물을 약간 섞고 곱게 갈아준다. 옆에 둔 당근만큼이나 짙은 빛깔이다.

2
소금·이스트·설탕을 서로 닿지 않게 밀가루에 섞은 후 달걀을 넣고, 호박은 두세 번에 나눠 넣고 손으로 치댄다.

3
반죽에 더운 물을 받쳐주거나 발효 굽기 기능이 있는 전기밥솥에 안쳐서 2배 이상 부풀도록 1차 발효를 해준다. 발효된 반죽은 손으로 눌러서 기포를 뺀다.

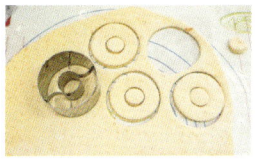
4
반죽에 덧가루를 살짝 뿌려가며 0.5㎝ 두께로 밀어 편다. 링도넛틀 또는 패트병을 잘라서 찍어낸다. 자투리반죽은 랩에 싸두었다가 같은 방법으로 성형한다.

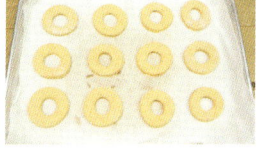
5
성형한 도넛은 면포를 덮은 후 랩을 씌우고 상온을 유지해서 2차 발효를 해준다.

6
식용유를 170~180℃로 가열해서 불을 약간 줄이고 **5**를 넣어 테두리에 색이 나면 뒤집어서 튀긴다. 튀김망에 건져서 기름을 뺀다.

7
한 김 나가면 한쪽 면만 감귤시럽에 묻힌 후 빵고물을 묻힌다.

tip〉 빵고물은 p052 팥양갱 호박빵의 호박빵을 분쇄기에 간 것. 감귤시럽 만드는 방법은 p122 감귤시럽 양배추샐러드 참조

감자식빵 부추샌드위치
chives potato sandwich

시들었거나 자투리로 남은 감자를 활용하기 좋은 감자식빵. 구수하고 찰기가 좋아 빵만 먹어도 맛있고, 식으면 감자맛이 더 진하게 올라온다. 기름없이 식빵만 구워도 좋고 토스트, 부드러운 크림, 달콤한 팥앙금을 곁들여 색다른 맛과 분위기를 낼 수 있다.

재료 ingredient

감자식빵 밀가루 450g, 껍질 벗긴 감자 400g, 달걀 1개, 황설탕 1큰술, 소금·이스트 1/2큰술씩, 물 1/2컵

샌드위치 감자식빵 2장, 부추 50g, 양파 1/4개, 당근 20g, 오이피클 6조각, 플레인 요거트 6큰술, 케첩·콩고물 4큰술씩, 볶아서 으깬 땅콩 2큰술

만드는 방법 how to make

1
생감자는 껍질을 벗기고 작게 썰어서 분쇄기에 갈아준다.

2
이스트·소금·설탕은 서로 닿지 않게 밀가루에 섞은 뒤 1과 달걀, 물을 넣고 매끈하게 치댄다.

3
식빵 전용 쿠커 또는 식빵틀에 담아 2배 이상 부풀어 오르면 오븐에 굽는다. 발효와 굽기 기능이 있는 전기밥솥을 이용해도 된다.

4
구운 빵은 채반에 밭쳐서 식힌 후 식빵 두께로 썬다.

5
샌드위치 속을 만들 준비를 한다. 부추, 양파, 당근, 오이피클은 잘게 썬다.

6
5에 요거트와 케첩을 넣어 비빈다.

7
약간 되직해지게 콩고물을 섞은 후 땅콩을 넣어 버무린다.

8
식빵 한 장에 7을 올린 후 남은 한 장을 덮은 뒤 먹기 좋은 크기로 썬다.

참취밀전병 채소말이
wholemeal tortilla with vegetable

여름철 텃밭채소를 호사스럽게 즐길 수 있는 방법 중 하나. 바로 전병에 말아 먹는 것이다. 통밀에 참취를 갈아 넣은 반죽을 얇게 밀어 또띠아처럼 구워낸 후, 제철 입맛에 맞는 야채를 소스에 버무려 간단하게 만들면 된다.

재료 ingredient
통밀가루 100g 참취가루 8g(3큰술), 소금 약간, 물 5~6큰술 상추 10장, 양파 1/4개, 양배추 50g, 부추 25g, 케첩·수제 요구르트 3큰술씩

tip〉 되직한 반죽을 냉장고에서 여러 날 저온숙성시키면 탄력이 좋아져 얇게 밀기도 쉽고, 밀 때 덧가루가 적게 들어 깔끔하다. 구우면 찰진 맛이 나고 식감도 좋다.

만드는 방법 how to make

1
통밀가루, 참취가루, 소금, 물을 섞어 되직하게 반죽한다.

2
반죽을 5개로 나눠서 동글린 후 덧가루를 약간만 뿌려가며 지름 한 뼘 남짓으로 얇게 밀어준다.

3
2에 밀가루가 묻었으면 털어내고, 달군 팬을 약불로 줄인 후 기름 없이 바삭하게 굽는다.

4
양파, 양배추, 부추를 잘게 썰어 케첩과 요구르트를 넣어 비빈다.

5
밀전병 하나에 상추 두 장을 깔고, 케첩을 약간 뿌린 뒤 **4**를 적당량 올려서 말아준다.

6
먹기 편하게 잘라서 담아낸다.

③

죽
soup

LIST

현미새알심 넣은 동지팥죽
바닷내음 진한 굴미역죽
향긋쌉쌀 쑥갓누룽지탕
애호박고지 부추된장죽
보식에 좋은 검은콩죽
현미 방풍나물죽
근대 미더덕죽
시골의 맛, 시래기 들깨죽

현미새알심 넣은 동지팥죽
red bean porridge

팥은 성인병 예방과 치료는 물론, 부족한 비타민을 보충해 피로를 풀어주고 이뇨작용으로 몸의 붓기를 빼준다. 특히 기온이 낮고 활동량이 적은 겨울엔 혈액순환 장애로 소화기능이 둔해지기 쉬운데, 이럴 때 뜨끈한 팥죽 한 그릇은 몸은 물론 마음의 온기까지 더해준다.

재료 ingredient
붉은팥 2컵, 현미멥쌀 1/2컵, 물 16~18컵, 소금 1/2큰술

새알심 현미찹쌀 1컵, 뜨거운 물 3~4큰술, 소금 2/3작은술

만드는 방법 how to make

1

현미멥쌀은 5~6시간 물에 불려서 씻어 건지고, 찹쌀은 7~8시간 불린 후 씻어서 물기를 빼고 분쇄기에 곱게 갈아준다.

2

팥이 푹 잠길 정도의 물을 붓고 끓으면 물을 따라낸 뒤 다시 물 16~18컵을 붓고 삶는다. 끓기 시작하면 중약불로 줄인 뒤 팥알이 갈라지도록 푹 삶는다.

3

현미찹쌀가루에 소금을 넣고, 뜨거운 물을 조금씩 넣어가며 질지 않게 반죽한다. 매끄럽게 치댄 후 지름 1.5㎝ 정도의 새알심을 빚는다.

4

2를 체에 밭쳐서 팥물을 받고 주걱으로 팥을 곱게 으깨 체에 내린다. 팥이 절반쯤 줄어들면 팥물을 부어가면서 앙금을 꼼꼼하게 걸러낸다.

5

받아놓은 팥물에 앙금이 가라앉으면 윗물만 따라내 끓인다. 불린 멥쌀을 넣고 쌀이 푹 퍼질 때까지 주걱으로 저어가며 끓인다. 소금으로 짜지 않게 간을 한다.

6

새알심을 팔팔 끓는 물에 삶아서 위로 떠오르면 조금만 더 익힌 후 찬물에 담갔다 건진다.

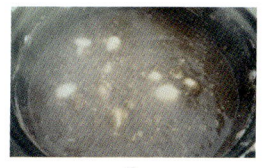

7

팥죽 5에 6을 넣고 가볍게 저어가며 조금만 더 끓인다.

8

익힌 새알심은 고물을 묻혀두었다 따뜻한 팥죽에 올려도 된다.

바닷내음 진한 굴미역죽
oyster & seaweed porridge

비타민과 미네랄이 풍부한 굴은 콜레스테롤을 억제하고, 신진대사를 촉진하는 미역과 함께 먹으면 궁합이 좋다. 푹 불린 현미를 성글게 갈아 미역과 굴을 넣어 만든 죽은 특유의 바닷내음에 감칠맛까지 더해져 수저를 놓지 못하게 한다. 주변에 산모가 있다면 더욱 추천해주고 싶은 음식이다.

재료 ingredient

현미멥쌀 1컵, 건미역 20g, 당근 50g, 굴 100g, 물 5~5½컵, 집간장으로 만든 맛간장 1큰술, 참기름 1큰술

tip > 굴과 어울렸을 때는 깊은 감칠 맛의 죽이 되고, 조갯살을 넣어서 만들면 시원하고 깔끔하게 즐길 수 있다.

만드는 방법 how to make

1

현미는 5~6시간 물에 불리고, 미역은 부드러워질 정도로 불려서 각각 씻어 건진다.

2

현미는 성글게 갈고, 미역과 당근은 잘게 썬다.

3

냄비에 기름을 넉넉히 두르고 현미가 눌어붙지 않을 정도로만 물을 조금씩 넣어가며 볶는다.

4

현미가 어느 정도 볶아지면 미역과 당근을 넣어 볶는다.

5

남은 물을 붓고 쌀이 푹 퍼지도록 끓인다. 굴을 넣고 은근한 불에서 주걱으로 저어가며 끓인 뒤 맛간장으로 간을 하고 조금만 더 끓인다.

향긋쌉쌀 쑥갓누룽지탕
crispy rice crust with crown daisy

향긋하게 씹히는 맛이 일품인 쑥갓을 주재료로 한 누룽지탕이다. 누룽지가 없다면 찬밥을 후라이팬에 얇게 펴서 구워주면 간편하게 만들 수 있다. 멸치 베이스 육수에 구수한 된장, 쌉싸름한 쑥갓이 어울려 이색적인 한끼 식사가 된다.

재료 ingredient
쑥갓 반 줌, 누룽지 100g, 감자 1개,
육수 4컵, 된장 2/3큰술,
집간장으로 만든 맛간장 1큰술,
홍고추·풋고추·대파 약간씩

만드는 방법 how to make

1

쑥갓은 줄기 끝에 연한 잎을
꺾어서 씻어 건지고, 감자는
얄팍하게 한 입 크기로 썬다.

2

홍고추, 풋고추, 대파는 어슷하게
썬다.

3

육수에 된장을 풀고 감자를 넣어
끓인다.

4

감자가 익으면 누룽지를 넣어
살짝 풀어질 정도로 끓인다.
그릇에 담고 쑥갓과 2를 올린다.

애호박고지 부추된장죽
bean paste porridge with chives

단백질·철분·당질·비타민이 풍부해 피를 맑게 하고 혈액순환을 좋게 하면서 소화 작용을 도와주는 부추. 부추의 칼륨 성분은 체내의 나트륨을 몸 밖으로 배출하는 역할도 한다. 현미를 섞어 죽을 끓이면 속이 든든히 채워지면서 몸도 편안해지고, 특히 음식을 먹고 체했을 때 좋은 소화제가 된다.

재료 ingredient
현미 1컵, 부추 100~120g,
애호박고지 25g, 당근 60g,
바지락살 100g, 물 5컵, 된장
1½큰술, 참기름

만드는 방법 how to make

1
현미는 5~6시간 불려서 물기를 빼고 성글게 갈아준다.

2
애호박고지는 한 번 씻어서 물에 불리고, 부드러워지면 건져서 물기를 짠 뒤 불린 물은 죽 끓일 때 넣는다. 부추, 애호박고지, 당근은 잘게 썬다.

3
냄비에 기름을 넉넉히 두르고 1을 눌어붙지 않을 정도로 물을 약간씩 부어가며 볶는다.

4
남은 물을 붓고, 된장을 체에 걸러 넣고 끓인다.

5
쌀이 푹 퍼지면 불을 줄인 뒤 바지락살, 당근, 애호박고지를 넣어 끓인다.

6
바닥에 눌어붙지 않게 저어가며 끓여서 채소가 부드럽게 익으면 부추를 넣는다.

7
부추가 질겨지지 않게 약간만 더 끓인다.

보식에 좋은 검은콩죽
black bean porridge

속이 푸르스름한 검은콩 서리태와 쌀눈이 살아 있는 현미로 끓인 영양죽이다. 다이어트 후 보식, 이유식, 환자식으로도 부담이 없다. 저녁에도 콩죽 한 그릇이면 잠자리가 편안해진다.

재료 ingredient
현미 1컵, 검은콩 서리태 1컵, 물 5컵(콩 삶는 물은 별도), 소금 1작은술, 참기름 1큰술

tip > 콩을 성글게 갈아서 끓이면 보기에도 거칠고 맛이 제대로 나지 않는다. 콩은 곱게 갈고, 쌀은 불린 채 그냥 끓이거나 성글게 갈아 넣는다.

만드는 방법 how to make

1

현미는 5~6시간 물에 불리고, 검은콩은 씻어서 푹 잠길 정도의 물을 붓고 삶아서 부드럽게 익힌다. 오래 삶으면 메주냄새가 난다.

2

불린 현미는 성글게 갈아준다. 삶은 콩은 물 2컵을 붓고 쌀보다 곱게 갈아준다. 콩 삶은 물이 남으면 같이 넣는다.

3

냄비에 기름을 두르고 쌀이 눌어붙지 않을 정도로만 물을 약간씩 넣어가며 볶는다.

4

남은 물을 붓고 쌀이 푹 퍼지도록 끓인다.

5

불을 줄인 뒤 2의 콩을 넣고 주걱으로 저어가며 끓인다.

6

소금으로 짜지 않게 간을 한다.

현미 방풍나물죽
whole-rice gruel with medicinal plant

방풍은 이름에서도 알 수 있듯이 풍병과 골다공증 예방에 좋은 식재료다. 피부질환과 기관지염의 치료, 미세먼지와 황사로부터 몸을 보호해주는 효능도 있다. 특히 방풍나물죽은 생잎과 달리 향이 은근하고 구수한 맛이 진하게 나는, 면역력을 높이는 음식이다.

재료 ingredient
현미 1컵, 방풍나물 120g, 당근 60g, 바지락살 120g, 물(또는 방풍나물 데친 물) 5컵, 소금 1작은술, 참기름 1큰술

tip › 바지락살 대신 다른 종류의 조갯살이나 소고기를 이용해도 되고, 채소만으로도 구수한 맛을 낼 수 있다.

만드는 방법 how to make

1
방풍나물은 씻어 건지고, 현미는 5~6시간 물에 불린다.

2
불린 현미는 물기를 빼고 분쇄기에 성글게 갈아준다.

3
방풍나물은 1~2㎝ 길이로 썰고, 당근은 잘게 썬다.

4
참기름을 두른 냄비를 달군 뒤 약불에서 쌀을 볶는다. 눌어붙지 않을 정도로만 물을 약간씩 부어가며 쌀이 어느 정도 익도록 볶는다. 남은 물을 붓고 보글보글 끓기 시작하면 불을 약간 줄이고 쌀이 푹 퍼지도록 끓인다.

5
3과 바지락살을 넣고 눌어붙지 않게 주걱으로 저어가며 끓인다.

6
채소가 부드럽게 익으면 소금으로 짜지 않게 간을 한다.

근대 미더덕죽
sea squirts porridge with leaf beet

혈액순환·피부건강·다이어트에 좋은 근대는 위와 장이 약할 때 식이요법으로 이용할 만큼 소화기능을 원활하게 하고, 근대죽은 열을 내리는 효과도 있다. 근대죽에 비타민과 무기질이 풍부한 미더덕이 더해지면 맛과 영양은 배가 된다.

재료 ingredient
현미 1컵, 근대 130g, 당근 40g, 갈은 미더덕 1컵, 된장 1½큰술, 물 5컵, 참기름 1큰술

tip ＞ 미더덕은 깨끗이 씻어서 물기를 뺀 후 분쇄기에 갈아 넣고, 적당한 분량으로 나눠 냉동보관하면 국물 음식에 간편하게 이용할 수 있다.

만드는 방법 how to make

1
근대는 씻어 건지고, 현미는 5~6시간 물에 불린다.

2
불린 현미는 씻어서 물기를 빼고 성글게 갈아준다.

3
근대와 당근과 각각 잘게 썬다.

4
냄비에 참기름을 두르고 성글게 갈은 현미를 넣어 눌어붙지 않을 정도로만 물을 약간씩 부어가며 볶는다.

5
남은 물을 붓고 된장을 체에 걸러 넣고 끓인다.

6
국물이 팔팔 끓으면 미더덕을 넣어 끓인다.

7
쌀이 푹 퍼지면 약불로 줄인 후 3을 넣고, 바닥에 눌어붙지 않게 주걱으로 저어가며 끓인다. 근대가 부드럽게 익으면 완성.

시골의 맛, 시래기 들깨죽
perilla seed soup with dried radish leaves

국 따로 밥 따로인 것보다 훨씬 더 깊은 맛으로 어우러지는 시래기죽. 오래 끓일수록 시래기는 더 부드럽고 맛은 더 진해진다. 잘 삶아진 시래기, 고소한 들깨가루와 간장이 어우러진 죽은 그 자체로 시골의 맛이다.

재료 ingredient
현미 1컵, 삶아서 껍질 벗긴 시래기 200g, 물 6컵, 볶은 들깨가루 6큰술, 집간장으로 만든 맛간장 1½~2큰술, 참기름 1큰술

만드는 방법 how to make

1
현미는 5~6시간 물에 불려서 성글게 갈아준다.

2
시래기는 잘게 썬다.

3
냄비에 기름을 두르고 현미를 볶는다. 눌어붙지 않게 물을 조금씩 넣어가며 볶고, 시래기를 넣어 볶는다.

4
남은 물을 붓고 쌀이 푹 퍼지도록 끓인다.

5
들깨가루에 물을 약간 붓고 풀어서 4에 넣어 끓인다.

6
맛간장으로 심심하게 간을 하고 좀 더 끓인다.

④

한 그릇 밥
a bowl of rice

LIST

달래간장을 곁들인 냉이밥

홋잎나물 주먹밥

치자단무지 냉이김밥

머위쌈밥

무생채 굴비빔밥

박고지 깻잎김밥

시래기밥 군만두

마 시래기나물밥

호박장아찌 곰취쌈밥

동아장아찌 호박잎쌈밥

가지밥

봄나물 짜장오므라이스

고구마줄기 볶음밥

치자밥 샌드위치

콩나물밥 만두

달래간장을 곁들인 냉이밥
shepherd's purse steamed rice

봄에 먹는 나물은 겨울을 이겨낸 강인한 생명력이 맛과 영양을 한층 높게 하는 특징을 가진다. 특히 냉이는 단백질 함량이 높고 칼슘, 철분, 비타민이 다양하게 들어 있어 눈을 밝게 하고 피로감을 줄여준다. 냉이를 넣은 나물밥에 진한 향의 달래간장을 더하면 그야말로 봄이 주는 성찬이다.

재료(4~5인분) ingredient
구분도미 2컵, 냉이 120g, 당근 40g, 애호박고지 20g, 멸치육수(밥물) 2컵

달래간장 달래 40g, 맛간장 3큰술, 멸치육수 2큰술, 고춧가루 2/3큰술, 통깨 1큰술

tip 〉 쌀은 씻어서 곧바로 안친다. 쌀에 들어 있는 수용성 비타민은 물에 녹아 유실될 수 있다. 따뜻한 물을 밥물로 이용하면 밥 짓는 시간이 단축되어 영양 손실을 더 줄일 수 있다.

만드는 방법 how to make

1

2

3

냉이는 깔끔하게 씻어서 물기를 빼고, 애호박고지는 물에 불려서 말랑말랑해지면 건져서 물기를 짠다.

냉이는 2~3㎝ 길이로 썰고, 당근과 애호박고지는 잘게 썬다.

쌀을 씻어서 솥에 안치고 2를 올린 후 멸치육수를 붓고 밥을 짓는다.

4

5

뜸이 들면 위아래 뒤적여 훌훌 섞는다.

달래를 송송 썰어서 비빔양념 재료와 섞어 달래간장을 만든다. 냉이밥에 달래간장을 곁들여 낸다.

홋잎나물 주먹밥
winged euonymus rice ball

평소에 먹는 나물이나 들에서 캐어 먹을 수 있는 야생초 어느 것이나 나물 초밥으로 활용할 수 있다. 양념에 무친 나물을 촛물에 비벼 비빔초밥으로 먹어도 되고, 주먹밥을 만들면 간편 도시락으로도 그만이다. 향긋한 나물 주먹밥 도시락을 들고 들과 산으로 봄나들이를 떠나보자.

재료 ingredient
현미밥 1공기, 단촛물 1큰술, 홋잎 50g, 당근 25g, 양파 15g

나물무침양념 집간장으로 만든 맛간장 1작은술, 반반 섞은 들기름·참기름, 통깨

tip 김밥이나 주먹밥에 식초를 넣으면 빨리 상하지 않고 차게 먹어도 촉촉하면서 뒷맛이 개운하다.

만드는 방법 how to make

1
홋잎나무(화살나무)의 줄기 끝에 새로 돋은 연한 순을 거둔다. 이물질이 붙어 있으면 떼어낸 뒤 간추린다.

2
팔팔 끓는 물에 홋잎나물을 데친 후 찬물에 헹궈서 물기를 짠다.

3
데친 나물은 1㎝ 길이로 썰어서 훌훌 헤쳐 놓는다.

4
맛간장, 기름, 통깨를 넣어 조물조물 무친다.

5
당근과 양파는 잘게 썰고, 현미밥은 단촛물을 넣어 비빈다.

6
4와 5를 섞고, 간이 부족하면 맛간장이나 단촛물을 더 넣는다.

7
촉촉하게 비빈 밥은 한 숟갈 분량씩 떠서 동글동글하게 주먹밥을 만든다.

치자단무지 냉이김밥
shepherd's purse gimbap

김밥도 제철 채소로 만들면 영양 섭취는 기본이고 색다른 맛과 분위기를 낼 수 있다. 부드러운 잎과 아삭한 뿌리가 감칠맛 나게 어울리며 소화도 거뜬한 냉이김밥. 직접 만든 단무지를 더해 깔끔하고 개운한 뒷맛까지 준다. 봄철 느슨해진 미각을 일깨우는 일등공신이다.

재료 ingredient
현미밥 1⅓공기, 단촛물 ½큰술, 김 2장, 다듬은 냉이 100g, 냉이무침양념(집간장으로 만든 맛간장 1작은술, 참기름, 통깨), 치자단무지 40g, 달걀 2개, 당근 40g, 소금, 식용유

치자단무지 무 1kg, 치자열매 10g, 물 3컵, 황설탕 1컵, 식초 1¼컵, 소금 3½큰술

만드는 방법 how to make

1
냉이는 깨끗하게 씻어서 팔팔 끓는 물에 데친 후 찬물에 헹궈서 물기를 짠다.

2
데친 냉이는 훌훌 헤쳐서 맛간장, 참기름, 통깨 양념으로 조물조물 무친다.

3
달걀을 풀어서 소금을 약간 넣고 고루 섞는다. 기름 두른 팬에 김 크기와 비슷하게 얇게 부쳐서 반으로 자른다.

4
당근은 채 썰어 기름 두른 팬에 볶아서 소금으로 짜지 않게 간을 한다.

5
단무지는 물기를 빼고, 밥은 단촛물에 비빈다.

6
김에 2/3가량 밥을 얇게 펼친 후 달걀지단을 놓고 2, 4, 5를 가지런히 올려서 말아준다. 남은 재료도 같은 방법으로 말아서 한 입 크기로 썬다.

tip > 치자단무지 만들기

무는 김밥용 단무지 사이즈로 길게 썬다. 물에 소금과 설탕을 녹인 후 팔팔 끓여서 불끄기 직전에 식초를 넣어 절임물을 만든다. 식으면 치자를 절임물에 담가 색을 우려낸다.

적당한 용기에 무를 담고. 절임물을 체에 밭쳐서 붓고 납작한 돌로 눌러준다. 실온에 하루쯤 두었다 냉장보관한다. 색이 좀 진해보이고, 절임물이 부족한 것 같아도 얼마 지나지 않아 무는 가라앉고, 여러 날이 지나면 무에 간이 배면서 색은 처음보다 부드러워진다.

머위쌈밥
rice wrapped in butterburs

머위는 비타민과 칼슘 성분이 많아서 골다공증에 좋고, 풍부한 섬유소로 인해 변비를 예방하는 효과도 있다. 봄에는 어린 잎을 먹고 여름에서 가을까지는 잎자루를 찜이나 볶음 요리로 먹는다. 양념에 비중을 두지 않고, 재료의 맛을 최대한 살려내는 쌈밥은 특히 추천할 만하다.

재료 ingredient
현미밥 1공기, 머위 잎 중간크기 12장, 애호박된장장아찌(또는 쌈장) 40g

애호박된장장아찌 씨가 들지 않은 살이 단단한 애호박을 반으로 갈라 연한 소금물에 절인 뒤 햇볕에 꾸덕꾸덕하게 말려서 된장에 박아 넣는다.

tip > 머위의 쌉쌀한 맛을 감추려고 밥이나 쌈장을 달게 양념하면 머위 고유의 맛은 떨어지고 자칫 겉돌 수 있다. 밥도 단맛이 도는 쌀밥보다는 현미나 잡곡을 섞어 지으면 단순한 채소요리에 맛의 깊이가 더해진다.

만드는 방법 how to make

1
머위는 약간 큰 잎으로 준비해서 한 장씩 씻은 후 끓는 물에 데친다.

2
데친 머위는 찬물에 헹궈서 쓴맛이 우러나도록 4~5시간 물에 담가 놓는다. 좀 더 부드럽게 하려면 호박잎 손질하듯 잎자루 끝을 뒤로 꺾어서 껍질을 살짝 벗겨낸다. 껍질은 데치기 전에 벗겨도 되고, 데친 후 벗겨도 된다.

3
애호박된장장아찌는 잘게 썰거나 숟가락으로 으깬다.

4
쓴맛이 우러난 머위는 물기를 꼭 짜고 한 장씩 판판하게 펼쳐 놓는다.

5
밥과 장아찌를 적당량 올려서 돌돌 말아준다.

6
잎자루는 잘라 내거나 돌돌 말은 쌈을 한 번 감아주어도 된다.

무생채 굴비빔밥
oyster bibimbap with spicy radish

가을 무는 단순한 양념으로도 맛내기가 쉽다. 무 본연의 맛을 살리기 위해 껍질째 요리하고,
무에 담긴 자연 단맛이 잘 살아나도록 설탕을 넣지 않는다. 소금에 절이지 않아도
고춧가루로 먼저 버무려 준 다음 나머지 양념을 넣고 무치면 물이 덜 생기고 색이 곱다.

재료 ingredient
현미밥 1공기, 굴 1/2컵, 무생채(무 300g, 멸치액젓·고춧가루 2큰술씩, 대파, 다진 마늘, 통깨), 해초 초무침(모자반 한 줌, 식초 1큰술, 소금 약간, 통깨), 구워서 채 썬 김, 고추장, 반반 섞은 참기름·들기름

tip › 멸치액젓을 줄이고 새우젓을 다져 넣어도 되고, 쪽파나 부추를 섞어주면 더 맛있다. 노지에서 월동한 쪽파와 부추는 무와 짝을 지으면 진한 향과 감칠맛이 더한다.

만드는 방법 how to make

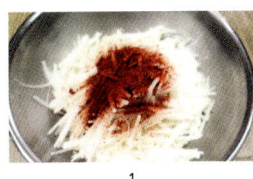
1
무는 채를 썰어서 고춧가루에 버무려 색깔을 낸다.

2
1에 멸치액젓, 대파, 마늘, 통깨를 넣어 훌훌 섞는다.

3
해초는 끓는 물에 데쳐서 찬물에 헹구고 물기를 짠 뒤 3~4㎝ 길이로 썬다. 식초, 소금, 통깨를 넣어 심심하게 무친다.

4
깨끗하게 손질한 굴은 팔팔 끓는 물에 살짝 데쳐서 건진다. 데친 물은 국물 음식에 사용한다.

5
그릇에 밥을 담고 2, 3, 4와 김, 고추장, 기름을 보기 좋게 올린다.

박고지 깻잎김밥
gourd & sesame leaf gimbap

박고지를 약간 달콤하고 꼬들꼬들하게 조려서 김밥을 말면 우엉을 넣은 김밥과는 비교할 수 없을 만큼 맛있다. 여기에 밭에서 갓 딴 생깻잎까지 넣으면 풍미와 씹히는 질감이 더욱 좋아진다. 잡아두고 싶도록 좋은 탱글탱글한 날씨에는, 박고지 김밥으로 나들이를 즐겨보자.

재료 ingredient
현미밥 1⅓공기, 단촛물 2작은술, 김 2장, 박고지조림, 깻잎 12~15장, 무 장아찌(또는 단무지) 40g, 당근 30g, 달걀 1개, 소금, 식용유

박고지조림 박고지 30g, 집간장으로 만든 맛간장 1½큰술, 조청 3큰술, 물 ⅔컵

tip 〉 잘 여문 박을 좋은 날씨에서 말리면 색이 뽀얗지만, 서리를 맞거나 날씨가 궂은 때 말리면 거뭇해질 수 있다. 조리를 하면 맛의 차이는 없지만, 보관 도중 벌레가 나기 쉽다. 비닐 지퍼팩에 담아 빈 항아리에 넣어두고, 이듬해 여름에 햇빛에 한 번 더 말린다.

만드는 방법 how to make

1
박고지는 물에 담가서 부드러워지도록 불린다.

2
팔팔 끓는 물에 1을 넣어 15~20분가량 삶아서 건진다. 박고지 길이가 길면 김 길이에 맞게 자른다.

3
조림 냄비에 맛간장·조청·물을 넣어 보글보글 거품이 일며 끓어오르면 불을 줄이고, 박고지를 넣어 국물이 졸아들고 윤기가 나도록 조린다.

4
깻잎은 너무 크지 않은 것을 씻어서 물기를 빼고 잎자루를 자른다.

5
무 장아찌는 채 썰어 10분가량 물에 담가 짠 기를 우려낸 뒤 물기를 짠다.

6
달걀을 풀어서 소금을 약간 넣고, 기름을 두른 팬을 달궈서 김 크기와 비슷하게 부친 뒤 반으로 자른다.

7
당근은 채 썰어 기름을 두른 팬에 볶아서 소금으로 간을 한다.

8
고슬고슬하게 지은 밥은 단촛물에 비빈다.

9
김에 ⅔가량 밥을 얇게 깔고 깻잎을 겹쳐 놓는다. 달걀지단, 박고지조림, 무장아찌, 당근을 가지런히 올리고 흐트러지지 않게 말아서 한 입 크기로 썬다.

시래기밥 군만두
bun with dried radish leaves filling

나물이나 국거리로만 쓰던 시래기에 밥을 비벼서 만두를 빚어본다. 밥 한 그릇, 나물 한 접시면 만두가 15~18개. 찜솥에 쪄내서 양념간장에 찍어 바로 먹어도 좋고, 한 김 식혀 기름 두른 팬에 달궈주면 겉은 바삭, 속은 촉촉한 한 끼 밥을 대신하기에 충분한 별미다.

재료 ingredient
손질한 시래기 300g, 무 300g
현미밥 1½공기, 집간장으로 만든
맛간장 2큰술, 소금, 들기름,
참기름, 통깨, 후추,
만두피반죽(밀가루 450g, 물
1¼컵, 소금 1/2큰술)

양념간장 초간장, 고춧가루, 잘게
썬 대파 약간씩

만드는 방법 how to make

1
손질한 시래기는 물기를 짜고
잘게 썰어서 맛간장 1큰술과
참기름을 넣어 조물조물 무친다.
무는 가늘게 채 썰고 굵은 소금을
약간 뿌려서 절인 후 한 번 헹궈서
물기를 뺀다.

2
달군 팬에 참기름을 두르고 무를
볶아서 덜어낸다.

3
들기름을 두르고 밑간을 한
시래기를 달달 볶는다.

4
넓은 볼에 2와 3, 따뜻한 밥을
담고 참기름·들기름·통깨를 넣어
치대듯 주걱으로 비벼서 고루
섞는다. 간을 봐서 부족하면
맛간장으로 맞춘 후 식힌다.

5
만두피 반죽하기. 밀가루, 소금,
물을 섞어서 되직하게 반죽해
30분 이상 두었다 한 번 더
치댄다.

6
작게 분할할 반죽을 얇게 밀어서
소를 넣는다. 위 아래 양쪽 끝을
잡아당겨 가운데로 겹치게
모아주고, 왼쪽과 오른쪽을
끌어다 겹치게 덮는다.

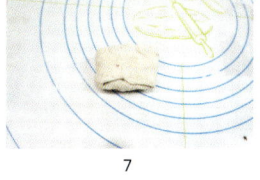

7
접착된 부분을 아래로 가게 놓고
각이 지게 다독인다. 만두피가
작으면 잡아당겨 여미고, 크면
포개지는 부분을 넉넉하게 한다.

8
김 오른 찜 솥에 면포를 깔고
만두를 쪄서 식힌다.

9
기름 두른 팬을 달궈서 만두를
놓고 위를 약간 눌러주며 굽는다.
채반에 밭쳐 한 김 나가면
양념장을 곁들여 낸다.

마 시래기나물밥
yam & dried radish leaves rice

시래기만 밥을 지어도 좋지만 마를 넣으면 보기에도 산뜻하고 맛도 더 구수해진다. 묵나물에 밑간을 잘하면 밥만 먹어도 맛있고, 짜지 않게 만든 달래간장으로 비비면 나물밥의 감칠맛도 더 좋아진다. 재료 준비도 간단하고, 조리법이 단순해 밥상 차리기도 쉬운 요리다.

재료 ingredient
현미·구분도미 1컵씩, 열매 마(또는 뿌리 마) 120g, 삶아서 껍질 벗긴 시래기 200g, 집간장으로 만든 맛간장 1 2/3큰술, 반반 섞은 참기름·들기름

달래간장 달래 40g, 맛간장 3큰술, 멸치육수 2큰술, 고춧가루 2/3큰술, 통깨 1큰술

tip › 달래간장에는 참기름을 넣지 않는 게 달래 향도 진하게 풍기고 뒷맛이 깔끔하다.

만드는 방법 how to make

1
삶아서 껍질을 벗긴 시래기는 잘게 썰어서 맛간장과 기름을 넣고 조물조물 무친다.

2
마는 껍질을 벗겨 작게 썬다.

3
쌀을 씻어서 솥에 안치고, 쌀만 안칠 때와 같은 분량으로 물을 붓고, 밑간을 한 시래기와 마를 올려서 밥을 짓는다.

4
뜸이 드는 동안 달래를 송송 썰어서 달래간장을 만든다.

5
시래기밥에 뜸이 들면 위아래 뒤적여 훌훌 섞어 그릇에 담고 달래간장을 곁들여 낸다.

호박장아찌 곰취쌈밥
rice wrapped in gomchwi

부드럽게 쌉싸름한 맛의 곰취. 은은한 향까지 더해져 잃어버린 입맛을 돋우는 식재료다.
현미를 넣은 보리밥을 올려 장아찌를 곁들여 싸면, 간단하게 품격 있는 요리를 만들 수 있다.
제철인 봄 외에도 싱싱한 잎을 데쳐서 냉동보관하면 한겨울에도 즐길 수 있는 별미가 된다.

재료 ingredient
곰취 12장, 현미보리밥 1공기,
호박된장장아찌 40g

tip > 곰취의 싱싱한 잎을 데쳐서 얼리면 오래 보관할 수 있고, 언제든 해동해서 먹을 수 있다. 얼렸다 녹이면 금방 따서 먹을 때보다 부드럽다.

만드는 방법 how to make

1
곰취는 부드러운 잎으로 잎자루 채 한 장씩 씻는다.

2
팔팔 끓는 물에 곰취를 데친 후 찬물에 헹궈서 물기를 짠다.

3
접힌 잎은 판판하게 펼쳐놓는다.

4
호박장아찌는 잘게 썰거나 숟가락으로 으깬다.

5
곰취 잎에 밥을 싸서 만든 후 쌈밥 위에 된장아찌를 올린다. 또는 곰취 잎에 밥과 장아찌를 적당량 올려서 돌돌 말아준다.

동아장아찌 호박잎쌈밥
rice wrapped in pumpkin leaf

호박잎은 국, 나물, 전으로도 활용하지만 쌈밥을 만들면 근사한 일품요리로 손색이 없고, 간식이나 나들이 음식으로도 그만이다. 진녹색의 큼지막한 잎은 보기엔 까칠해도 익히면 보들보들하고 씹는 맛도 좋다. 특히 된장으로 만든 쌈장이나 고추장에 버무린 장아찌와 찰떡궁합으로, 함께 먹으면 단백질이 보충되고 맛도 풍부해진다.

재료 ingredient
밀밥 1공기(밀쌀 1½컵, 현미 1/2컵) 호박잎 130g, 동아고추장장아찌 40g

tip > 동아장아찌는 말린 동아고지를 약간 달고 묽게 만든 고추장양념에 버무린다.

만드는 방법 how to make

1
호박잎은 잎자루까지 거둬서 잎자루 끝을 뒤로 살짝 꺾어 까칠한 잎맥을 걷어낸다.

2
손질한 호박잎은 한 장씩 씻은 후 팔팔 끓는 물에 데쳐서 찬물에 헹군다.

3
호박잎은 물기를 꼭 짜서 판판하게 펼쳐 놓는다.

4
동아장아찌는 가위로 작게 자른다.

5
호박잎에 밀밥 반 숟갈과 동아장아찌를 놓고, 밥을 반 숟갈가량 올려서 돌돌 말아준다. 이렇게 하면 장아찌가 밥 속에 말끔하게 들어간다.

6
잎자루로 쌈밥을 감아서, 한 입 크기가 넘으면 반으로 잘라서 담는다.

가지밥
eggplant rice

가지는 비타민 함량이 높아 피로 해소에 좋을 뿐 아니라 열량이 낮고 식이섬유와 수분이 많아 이뇨작용, 변비 예방과 치료, 다이어트 효과도 뛰어나다. 나물, 볶음, 튀김 등 다양하게 활용하는데, 이중 가지밥은 많은 양을 한꺼번에 먹을 수 있고, 그럼에도 가뿐하게 소화되는 요리다.

재료 ingredient
가지 3개(550~600g), 당근 30g, 구분도미 1⅓컵, 밥물 300~350㎖, 깻잎 5장

양념장 집간장으로 만든 맛간장 4큰술, 고춧가루 1큰술, 멸치육수 1큰술, 아삭한 풋고추 2개, 대파, 반반 섞은 참기름·들기름, 통깨

만드는 방법 how to make

1
가지는 꼭지를 잘라내고 씻는다.

2
3㎝ 길이로 토막을 내 세로로 반을 자른 뒤 길게 2~3등분한다. 당근은 채 썰어 중간에 한두 번 자른다.

3
쌀을 솥에 안치고, 밥물은 채소를 넣지 않을 때보다 적게 붓고 가지와 당근을 올려서 밥을 짓는다. 일반 솥이나 냄비를 이용하면 뜸이 들 때 가지를 넣어도 된다.

4
대파와 풋고추를 잘게 썰어 양념장 분량대로 섞는다.

5
깻잎은 씻어서 물기를 빼고 세로로 반을 자른 뒤 가늘게 채 썬다.

6
뜸이 든 가지밥을 위아래 뒤적여 훌훌 섞어 그릇에 담고, 채 썬 깻잎을 고명으로 올린 후 양념장을 곁들여 낸다.

봄나물 짜장오므라이스
omelet rice with spring greens

짜장 요리에 육류나 해물이 없으면 간이 안 맞는 것처럼 심심할 수 있지만, 냉이와 달래가 주인공이면 남부러울 것이 없다. 야생에서 캔 달래는 매운 맛이 강해도 짜장볶음에 곁들이면 전혀 거북하지 않다. 봄나물 고유의 맛와 영양을 색다르게 맛볼 수 있는 짜장오므라이스로 나물을 멀리하는 아이들 입맛까지 잡아보자.

재료 ingredient
현미밥 2/3공기, 냉이 50g, 달래 30g, 당근 20g, 양파 1/2개, 달걀 1개, 춘장 1²/₃큰술, 멸치육수 1/2컵, 감자전분 2/3작은술, 물 약간, 후추, 식용유

tip > 시판용 춘장은 첨가물이 많아서 좋은 재료를 이용해도 뒷맛이 텁텁하고 개운하질 않다. 춘장을 기름에 볶은 후 사용하면 떫은 맛이 사라지고, 양파와 같이 볶으면 풍미가 더 좋아진다.

만드는 방법 how to make

1
냉이와 달래는 씻어서 물기를 뺀다.

2
냉이, 달래, 당근, 양파는 각각 잘게 썬다.

3
2에서 양파 절반을 덜어 기름 두른 팬에 춘장을 섞어 양파가 뭉그러질 정도로 볶는다.

4
별도의 팬에 기름을 두르고 2에서 달래를 제외한 채소를 볶는다. 채소가 반쯤 익으면 3의 볶은 춘장 1½큰술을 넣어 볶는다.

5
채소가 익으면 밥을 넣어 비비듯 가볍게 볶은 후 불을 끄고 달래와 후추를 섞는다. 달래는 약간 남겨서 고명으로 활용한다.

6
짜장 소스 만들기. 남은 볶은 춘장 3에 육수를 붓고 끓인다. 보글보글 끓으면 불을 줄인 후 감자전분을 물에 풀어 넣고 약간 걸쭉하게 끓여서 후추를 섞는다.

7
달걀을 풀어서 얇게 지단을 부친 후 반쯤 익으면 불을 끈다. 중앙에 소복하게 볶음밥 5를 담는다.

8
지단 가장자리를 올려서 살짝 눌러준다.

9
접시를 포개서 8을 뒤집어 담고, 따뜻한 짜장 소스를 부은 후, 잘게 썬 달래를 솔솔 뿌린다.

고구마줄기 복음밥
fried rice with sweet potato vines

고구마줄기는 껍질 벗기는 번거로움은 좀 있지만, 김치를 담궈도 맛있고 기름에 볶으면 아삭하게 씹히는 고소한 맛이 그만이다. 냉장고에 있던 찬밥을 슬쩍 데워서 함께 볶으면 한 그릇 식사가 되고, 김밥에 속으로 넣어도 풍미가 좋다.

재료 ingredient
껍질 벗긴 고구마줄기 120g,
현미밥 1공기, 집간장으로 만든
맛간장 1큰술, 들기름, 통깨, 후추

tip > 껍질 벗긴 고구마줄기는 데치지 않고 그냥 볶아도 된다. 작게 썰면 금방 볶아지고, 썰지 않고 볶아 김밥 재료로 이용해도 된다.

만드는 방법 how to make

1
고구마줄기(잎자루)는 끝을 뒤로 꺾어서 껍질을 벗겨낸다. 또는 굵은 소금을 뿌려서 살짝 절인 후 벗긴다.

2
손질한 고구마줄기는 씻어서 물기를 뺀다.

3
고구마줄기는 1.5㎝ 길이로 썰고, 당근과 풋고추는 잘게 썬다.

4
기름 두른 팬을 달궈서 고구마줄기와 당근을 볶다가 고구마줄기 숨이 죽으면 고추를 넣어 볶고, 맛간장으로 간을 한다.

5
밥을 넣어 볶은 뒤 후추와 통깨를 섞는다.

치자밥 샌드위치
gardenia seeds rice sandwiches

치자 우린 물로 밥을 지으면 향이 은은하게 풍기면서 쫄깃하고, 소화가 잘 돼서 몸도 아주 가뿐해진다. 특히 식으면 고소한 맛이 배가 되는데, 간단하게 참취 등으로 쌈밥을 만들거나 틀을 이용해 밥 샌드위치를 만들어도 이색요리가 된다.

재료(2개 분량) ingredient
치자밥 1½공기(구분도미 2컵, 치자 열매 4개, 물 2컵), 단촛물 2작은술, 무 간장장아찌 100g, 오이피클 10조각, 달걀 1개, 소금, 식용유, 참취 어린잎(또는 깻잎) 3~4장

tip 〉 치자를 물에 담가 어느 정도 시간이 경과하면 더는 색이 진해지지 않는다. 한 번 우려낸 뒤 새 물을 부어 또 한 번 우려낼 수 있다.

만드는 방법 how to make

1

2

3

치자 열매를 물에 담가 색을 우려낸다. 쌀을 씻어 솥에 안치고 치자 우린 물(밥물은 평소와 같은 분량)을 붓고 고슬고슬하게 밥을 짓는다.

장아찌는 짧게 채 썰어 5분 남짓 물에 담가 우려낸 뒤 물기를 뺀다.

달걀을 풀어서 소금을 약간 넣고 기름 두른 팬에 얇게 지단을 부친 뒤 식으면 3㎝ 길이로 채 썬다. 오이피클과 참취도 각각 채 썬다.

4

5

밥을 단촛물에 비빈다.

링틀(지름 9㎝)을 접시에 놓고 4를 1/4가량 살짝 눌러주며 판판하게 펼쳐 담는다. 장아찌, 달걀지단, 참취, 오이피클을 순서대로 올리고 밥을 채워준 뒤 약간 시간을 두었다가 링틀을 들어낸다. 남은 재료도 같은 방법으로 만든다.

tip 〉 패트병이나 우유팩을 잘라서 링틀을 대신해도 된다.

콩나물밥 만두
bun with bean sprouts rice

만두는 소를 만들기 번거로워 망설이게 되는 음식이다. 다루기 만만한 콩나물과 밥을 이용하면 재료 준비도 간단하고 맛내기도 쉽다. 아삭하고 고소한 나물이 밥과 어우러진 만두는 적게 먹어도 든든하고 소화도 가뿐하다. 넉넉히 만들어 찐만두, 군만두, 국물만두 등으로 다양하게 즐겨보자.

재료 ingredient
콩나물 250g, 무 120g, 대파 1/2줄기, 현미밥 1공기, 소금, 들기름, 참기름, 후추

만두피 반죽(12장) 통밀가루 150g, 늙은호박 분쇄기에 간 것 1/2컵, 소금 1/2작은술
양념장 집간장으로 만든 맛간장 2큰술, 멸치육수 1큰술, 고춧가루·통깨 2/3큰술씩, 대파 약간

만드는 방법 how to make

1
콩나물은 씻어서 건진다. 무는 채 썰어 중간에 두 번 자르고, 대파는 잘게 썬다.

2
들기름에 무를 넣고, 콩나물은 손으로 가볍게 주물러 넣고 볶는다. 숨이 죽으면 소금으로 간을 하고, 채소가 익으면 양념장에 넣을 대파 약간만 남기고 넣어서 볶는다. 칼칼한 맛을 내려면 고춧가루를 섞는다.

3
따뜻한 밥을 넣어 고루 비빈다. 찬밥은 나물과 잘 섞이게 좀 더 볶고, 후추·참기름·통깨를 섞는다. 간이 부족하면 소금이나 맛간장으로 맞춘다.

4
만두소가 식으면 만두피 반죽을 밤톨 크기로 분할해 얇게 밀고, 소를 넣어 반으로 접은 뒤 양끝을 오므려 붙여준다.

5
김 오른 찜기에 면포를 깔고 만두를 안쳐서 25분가량 찐다.

6
양념장을 만들어 만두에 곁들여 낸다.

⑤

샐러드
salad

LIST

오크라초회
토마토 국물샐러드
무장아찌 채소말이 무쌈
감귤시럽 양배추샐러드
무 사과 샐러드
콩물 고구마샐러드
콩물드레싱 두메부추사과샐러드
상추 단호박 비빔수제비

오크라초회
okra salad

아열대지방 자생식물인 오크라는 우리 토양에 토착화되어 전국 어디에서나 노지 재배가 가능하다.
오각형으로 길쭉하게 생긴 깍지 껍질은 아삭하고 속은 끈적한데, 이는 '무틴'이라는
자양강장성분으로 당뇨와 변비 개선 효과가 높고 우리 몸의 노폐물 배출을 도와준다.

재료 ingredient
오크라 녹색 깍지 큰 것 5개,
고추장 2큰술, 식초·올리고당
1큰술씩, 육수 2/3큰술, 볶아서
으깬 땅콩 약간

tip › 초고추장은 비빔용 소스보다 육수를 더 넣어 조금 묽게 만들어주면 좋다. 초고추장 맛이 너무 튀지 않게 해야 맨입에 먹어도 갈증나지 않고 뒷맛이 개운하다.

만드는 방법 how to make

1
껍질에 까칠한 솜털이 박힌 오크라 깍지는 손으로 뽀드득 문질러 씻는다.

2
손질한 오크라는 팔팔 끓는 물에 40~50초가량 데쳐서 건진다. 오크라는 살짝 익혀야 아삭하니 한번에 먹을만큼만 준비한다.

3
고추장·식초·올리고당·육수를 섞어 약간 묽게 소스를 만든다.

4
데친 오크라는 꼭지를 자른 뒤 세로로 2등분한다.

5
자른 오크라를 접시에 가지런히 담는다. 고추장 소스를 얹고 으깬 땅콩을 솔솔 뿌린다. 또는 소스를 별도로 담아낸다.

토마토 국물샐러드
a bowl of tomato salads

따뜻하게 먹으면 더 맛있는 토마토 국물샐러드. 스프같기도 한 이 요리는 양파를 오래 볶아 단맛을 살리고 아삭한 풋고추와 오이로 샐러드의 상큼함을 더한다. 토마토를 건져먹는 재미도 충분하지만, 쫄깃하게 삶아 건진 수제비를 띄우면 완벽한 한 끼 식사다.

재료 ingredient
방울토마토 300g, 양파 1/4개, 풋고추 3개, 오이 50g, 황궁채 8~10장, 집간장으로 만든 맛간장 1½큰술, 올리고당 2/3큰술, 감자전분 1큰술, 멸치육수 1컵, 물 약간, 반반 섞은 참기름·들기름

tip > 토마토에 설탕을 더해 먹기도 하는데, 설탕은 체내에서 분해될 때 토마토 속의 비타민B를 소모시키기 때문에 영양에 좋지 않다. 차라리 소금을 약간 곁들이면 단맛도 살고 소금에 들어 있는 나트륨 성분이 토마토 속의 칼륨과 균형을 이루어 영양흡수가 좋아진다.

만드는 방법 how to make

1
방울토마토는 밑 부분에 열십자로 칼집을 내 끓는 물에 데친다.

2
데친 토마토는 찬물에 담가 식힌 후 껍질을 벗긴다.

3
토마토 절반가량을 믹서기에 곱게 갈아준다.

4
양파, 풋고추, 오이는 작게 썬다.

5
냄비나 조림팬에 기름을 두르고 양파를 달달 볶다가 육수 1컵을 붓고 끓인다.

6
국물이 팔팔 끓으면 3의 토마토를 넣고, 맛간장과 올리고당을 넣어 좀 더 끓인다.

7
약불로 줄인 후, 감자전분을 물에 풀어 넣는다.

8
국물이 약간 걸쭉해지면 풋고추와 오이를 넣어 살짝만 익힌다.

9
오목한 접시에 황궁채를 원형으로 깔아준 뒤 8을 붓고 남은 방울토마토를 올린다.

무장아찌 채소말이 무쌈
greens wrapped in white radish

새콤한 쌈무에 다양한 채소를 넣고 돌돌 말아주면 완성되는 간편한 요리. 특히 속재료로 배추 속잎을 활용하면 고소한 맛이 진해지고 식감도 한층 풍부해진다. 장아찌를 속재료에 넣어주면 간이 잘 맞아서 별도의 소스도 필요 없다.

재료 ingredient
무 간장장아찌 60g,
배춧잎(김장배추 어린잎) 7장,
파프리카 빨간색·노란색 1개씩

쌈무 무 600g, 물 300㎖,
올리고당 130㎖, 식초 150㎖,
소금 2큰술

만드는 방법 how to make

1
무는 횡으로 얇게 썬다.

2
물에 소금을 녹인 후 올리고당을 섞어 끓인 뒤 불끄기 직전에 식초를 넣어 절임물을 만든다.

3
무 분량에 알맞은 밀폐용기에 1을 담고 식힌 절임물을 붓는다. 위로 뜨지 않게 접시나 돌로 눌러서 한나절 실온에 두었다 냉장 보관한다.

4
배춧잎은 1~1.5㎝ 폭으로 길게 썰고 장아찌, 파프리카는 좀 더 가늘게 썬다.

5
쌈무에 4를 골고루 올려서 말아준다. 간이 잘 맞아서 소스는 곁들이지 않는다.

감귤시럽 양배추샐러드
cabbage salad with citrus dressing

당도가 낮거나 오래되어 물러진 감귤이 있으면 시럽으로 만들어 본다. 비빔양념이나 샐러드에 활용하기 좋고, 느긋하게 저장도 가능하다. 집에 있는 아무 야채에다 버무려 먹거나 특별히 면을 만들어 비벼 먹으면 은은한 향이 그만이다.

재료 ingredient
양배추 150g, 당근 50g, 대파 푸른잎 20g,
감귤시럽·고추장·식초 1큰술씩,
멸치육수 3큰술, 콩고물 2큰술

감귤시럽 감귤 400g, 황설탕 6큰술, 물 3큰술

만드는 방법 how to make

1
감귤시럽 만들기. 감귤은 껍질을 벗기고 분쇄기에 갈아준다.

2
1에 황설탕과 물을 섞어 걸쭉해지도록 조린다.

3
완성된 시럽은 식혀서 냉장 보관한다.

4
양배추, 당근, 대파는 각각 가늘게 채 썬다. 굵게 썰면 투박해서 감칠맛이 덜하다.

5
감귤시럽, 고추장, 식초, 육수를 넣어 소스를 만든다.

6
채소끼리 훌훌 섞은 뒤 소스를 붓는다.

7
젓가락으로 가볍게 뒤적인다. 그릇에 담고 콩고물을 솔솔 뿌린다.

무 사과 샐러드
white radish & apple salad

속이 더부룩하거나 입이 텁텁할 때, 갈증이 나서 밥 대신 시원한 뭔가가 먹고 싶을 때 추천하고 싶은 샐러드. 사과와 무만 가늘게 썰어 버무리고 여기에 달콤새콤한 육수 소스를 더해 심플한 맛을 낸다. 한 끼 식사로 대신 하고 싶을 때는 데친 새우를 올려 영양 균형을 맞춰도 좋다.

재료 ingredient
무 120g, 사과 1/4개, 칵테일 새우 5마리, 볶은 검은깨

소스 멸치육수 4큰술, 올리고당·식초 1½큰술씩, 소금 1⅓작은술

만드는 방법 how to make

1
칵테일 새우는 팔팔 끓는 물에 한소끔 익혀서 건진다.

2
육수에 소금을 녹인 후 올리고당, 식초를 고루 섞어서 소스를 만든다.

3
무와 사과는 채 썬다. 무채는 가늘수록 식감도 좋고 소스와 잘 어울린다.

4
무 먼저 소스에 버무린 뒤 사과를 섞는다.

5
젓가락으로 뒤적여 훌훌 섞어서 접시에 담고, 새우를 올린 뒤 검은깨를 넉넉히 뿌린다.

콩물 고구마샐러드
sweet potato salads with bean sauce

고구마는 달달한 음식이 당기거나 밥때가 아닌데도 입이 궁금할 때, 허전함을 채워주는 좋은 먹거리다. 찐 고구마를 구수한 콩물과 달콤한 곶감으로 버무리면 입에서 사르르 녹는 멋진 샐러드가 된다. 그냥 먹어도 좋지만 크래커나 구운 빵 위에 올리면 촉촉한 식감이 더 돋아난다.

재료 ingredient
고구마 400g, 쪄서 말린
고구마말랭이 작은 것 5개, 반건시
곶감 2개, 걸쭉한 콩물 1컵.
올리고당 1~2큰술, 전기밥솥
베이킹 호박빵 1/2개

만드는 방법 how to make

1
고구마는 껍질째 쪄서 껍질을 벗긴 뒤 으깬다.

2
고구마말랭이와 곶감은 작게 썬다.

3
으깬 고구마가 식으면 콩물을 섞은 뒤 올리고당을 넣고, 간을 봐서 심심하면 소금을 약간만 넣는다.

tip ▸ 콩물 만드는 방법은 p042 두메부추 콩물 달걀찜 참조

4
3에 2를 넣어 비빈다.

5
호박빵은 1cm 두께로 횡으로 자른 후 지름 6cm 링틀로 찍어서 4를 소담스럽게 올린다.

tip ▸ 호박빵 만드는 방법은 p052 팥양갱 호박빵 참조

콩물드레싱 두메부추사과샐러드
red bean & Pumpkin ricecake

부추보다 넓고 두툼한 잎의 두메부추는 알로에 같은 즙이 있어 위장 활동을 촉진시켜 입맛을 돋우고 몸을 따뜻하게 한다. 생 것 그대로 콩물드레싱을 부어 먹으면 고유의 향과 씹히는 맛은 여전하지만, 한결 부드러운 마무리로 입안을 더욱 풍성하게 하는 샐러드가 된다.

재료 ingredient
두메부추(또는 부추) 50g, 사과 1/4개, 콩물 5큰술, 참외즙 4큰술, 소금 약간, 삶은 강낭콩 약간

tip > 두메부추는 파를 대신해 양념처럼 쓸 수 있고 김치도 담글 수 있다. 생잎을 초고추장에 무치면 겉보기엔 풋마늘과 비슷하지만 맛은 더 부드럽다. 멸치볶음, 해물볶음에 넣어 살짝만 익혀도 주재료의 맛을 한껏 돋우는 재료가 된다.

만드는 방법 how to make

1
메주콩으로 콩물을 만든다.

tip > 만드는 방법은 p042 두메부추 콩물 달걀찜 참조. 찜용 콩물보다 약간 묽게 한다.

2
두메부추는 씻어서 물기를 털어낸다.

3
두메부추는 2~3㎝ 길이로 썰고, 사과는 한 입 크기로 나박하게 썬다.

4
콩물에 참외즙을 고루 섞은 뒤 소금을 넣어 소스를 만든다. 두메부추와 사과를 훌훌 섞어 그릇에 담고 강낭콩을 올린 뒤 소스를 붓는다.

상추 단호박 비빔수제비
sweet pumpkin sujebi with lettuce

자연 단맛이 진한 사과고추장과 아삭한 상추로 만든 비빔수제비는 샐러드처럼 먹는다.
수제비는 단호박 과육을 이용해서 건강하고 진한 맛을 내고, 다양한 야채를 섞어 버무리면
간단하게 만들 수 있는 든든한 한 끼가 된다.

재료 ingredient
상추 70g, 양파·당근 약간씩.
사과고추장 4큰술, 볶아서 으깬
땅콩 1큰술

단호박수제비 반죽 통밀가루
80g, 단호박 과육 60g, 소금 약간

사과고추장 사과 1/2개,
고추장·식초 3큰술씩, 멸치육수
1큰술

만드는 방법 how to make

1

단호박 과육은 찜기에 쪄서 으깬
후 식힌다.

2

밀가루에 소금과 1을 섞어
매끈하게 치댄 후, 랩을 씌워 30분
이상 두었다 한 번 더 치댄다.
수제비는 물 없이 단호박만으로
반죽한다.

3

팔팔 끓는 물에 수제비 반죽을
얇게 뜯어 넣고 쫄깃하게 삶아서
찬물에 헹궈 건진다.

4

사과를 강판에 갈아서 고추장과
육수를 섞어 비빔 소스를 만든다.

5

상추는 한 입 크기로 손으로 찢고,
당근과 양파는 채 썬다. 채소와
단호박수제비를
사과고추장으로 버무린 후
그릇에 담고, 땅콩을 뿌린다.

⑥

PART 6 일러두기

- 팔팔 끓는 물에 국수를 넣고 부르르 끓어오를 때 찬물을 약간 부어 가라앉히기를 세 번 정도 반복하면, 삶은 국수가 쫄깃하고 시간이 좀 지나도 여간해서 붇지 않는다.
- 국수 반죽은 되직하고 쫄깃하게 한다. 부재료에 수분이 있을 경우, 반죽 물은 조금씩 넣고 치대가며 농도를 가늠한다.

국수
noodles

LIST

쥐눈이콩국수
가지냉국 콩잎국수말이
참취가락국수
검은콩청국장 호박국수볶음
돌나물물김치 국수말이
마 들깨수제비
열무김치 참취국수말이
애호박고지 잡채

쥐눈이콩국수
noodles in cold bean soup

무덥고 눅눅한 여름철이면 시원한 국물을 곁들인 국수 한 그릇이 매혹적이다. 특히 콩을 갈아서 만든 콩국은 건강음료를 대신할 수 있고, 단백질이 풍부한 콩국과 같이 먹는 밀국수는 성질이 차고 열을 내리는 효능이 있어 여름철 계절음식으로 좋다.

재료 ingredient

콩물 쥐눈이콩 1컵, 소금 1~1½작은술, 물 3~3½컵(삶는 물은 별도)

국수 반죽(1인분) 통밀가루 90g, 소금 1/3작은술, 물 1/4컵, 오이, 방울토마토 약간씩

만드는 방법 how to make

1

쥐눈이콩은 씻어서 냄비에 안치고 푹 잠기게 물을 붓고 삶아서 부드럽게 익힌다. 삶은 콩이 식으면 물을 절반가량 붓고(콩 삶은 물이 남으면 섞어서) 믹서기에 갈아준다. 남은 물을 붓고 곱게 갈아서 마지막에 소금을 넣고 살짝 갈아준다.

2

콩물은 차갑게 냉장보관한다.

3

밀가루에 물과 소금을 넣고 매끄럽게 치댄 후 랩을 씌워 30분 이상 두었다 한 번 더 치댄다.

4

덧가루를 뿌리고 얇게 밀어서 2~3번 접은 후 가늘게 썬다. 팔팔 끓는 물에 쫄깃하게 삶아서 찬물에 헹궈 건진다.

5

오이는 채 썰고 방울토마토는 반으로 자른다.

6

그릇에 국수를 담아서 콩물을 붓고 5를 올린다.

가지냉국 콩잎국수말이
noodles in cold eggplant soup

디포리육수로 맛을 낸 가지냉국은 말랑말랑한 가지를 건져 먹으면 입안 가득 번지는 부드럽고 시원한 느낌이 참 좋다. 냉국에 쫄깃한 손국수를 말면 포만감도 크게 남고 담백한 여운은 오래도록 이어지는데, 이때는 시절 인연이 맞는 콩잎국수가 제격이다.

재료 ingredient
가지 1개, 풋고추 1개, 당근·대파 약간씩, 육수 1½컵, 집간장으로 만든 맛간장 3~4큰술, 식초 1큰술

콩잎국수 통밀가루 90g, 동부콩잎 30g, 소금 1/3작은술, 물 2큰술

만드는 방법 how to make

1
국수반죽하기. 콩잎은 씻어서 물기를 빼고 분쇄기에 곱게 갈아준다.

2
밀가루, 소금, 갈은 콩잎, 분쇄기 가서낸 물을 섞어 되직하게 반죽하고 매끄럽게 치댄 후 랩을 씌워 30분 이상 두었다 한 번 더 치댄다.

3
가지는 5㎝ 길이로 토막을 내 세로로 반을 자른다. 서너 군데 칼집을 내 김 오른 찜기에 안쳐서 물컹해지지 않게 찐다.

4
찐 가지가 식으면 칼집 방향대로 찢는다. 풋고추는 반으로 갈라 씨를 털고, 당근은 채 썰고 대파는 송송 썬다.

5
4에 짜지 않게 밑간을 한 뒤 육수를 붓고 식초와 맛간장으로 간을 맞춘다.

6
국수 반죽은 얇게 밀어서 가늘게 썰고, 팔팔 끓는 물에 삶아서 찬물에 헹궈 건진다.

7
그릇에 물기가 빠진 콩잎국수를 가지런히 담는다.

8
가지냉국을 넉넉히 부은 뒤 각얼음 서너 개를 띄워준다.

참취가락국수
chamchwi noodles

여러 종류의 취 중에 으뜸으로 꼽는 참취는 이름에 걸맞게 맛은 물론 영양도 풍부하다. 칼륨의 함량이 높아서 나트륨 배출을 좋게 하고, 피로를 덜어주며 머리를 맑게 한다. 생잎을 갈아 밀가루에 섞어 국수를 만들고 여기에 육수를 부어주면 참취 고유의 맛이 더욱 잘 배어난다.

재료 ingredient
육수 2컵, 된장 1큰술, 대파·볶은 들깨가루 약간씩

참취국수 밀가루 90g, 참취 30g(또는 건조 분말 6g), 소금 1/3작은술, 물 1/4컵

나물무침 참취 100g, 볶은 들깨가루 2큰술, 집간장으로 만든 맛간장 1큰술, 반반 섞은 참기름·들기름

tip > 가루는 약간 질긴 잎으로 만들어 냉장 또는 냉동보관한다. 그늘에서 말린 후 가루를 내면 실온보관도 가능해 간편하다. 쌀가루에 섞어 인절미 설기 절편을 빚을 때 사용한다.

만드는 방법 how to make

1
참취는 씻어서 물기를 뺀다. 나물은 연한 잎이 적당하고 국수 반죽은 질긴 잎으로도 만든다.

2
참취 잎을 숭덩숭덩 잘라서 비닐팩에 담아 냉동실에 얼렸다 봉지째 손으로 주물러 부순 후 분쇄기에 곱게 갈아준다. 또는 그늘에서 말린 후 갈아준다.

3
밀가루·참취가루·소금을 고루 섞은 뒤 반죽되기를 가늠해서 물을 넣고 매끈하게 치댄다. 랩을 씌워 30분 이상 두었다 한 번 더 치댄다.

4
국수 반죽은 덧가루 뿌려가며 얇게 밀어서 두세 번 접고 가늘게 썰어 훌훌 헤쳐 놓는다.

5
팔팔 끓는 물에 국수를 쫄깃하게 삶아서 찬물에 헹궈 건진다.

6
참취는 팔팔 끓는 물에 데쳐서 찬물에 헹궈 물기를 짠다. 약간 질긴 잎은 잎자루가 부드러워지도록 익힌다. 훌훌 헤쳐서 맛간장, 기름, 들깨가루를 넣고 조물조물 무친다.

7
육수에 된장을 풀어 끓인다.

8
국수에 육수를 붓고 취나물무침, 송송 썬 대파를 올린 뒤 들깨가루를 솔솔 뿌린다.

검은콩청국장 호박국수볶음
stir-fried noodles with soybean paste stew

검은콩으로 빚은 청국장은 일반적인 메주콩과는 다른 조금 특별한 맛이 난다. 청국장찌개를 끓이듯 묵은 김치에 육수를 넣어 볶고 여기에 국수를 말아 비비면 후루룩 간편한 한 끼 요리로 완성. 구수하면서도 개운한 맛이 겨울철 야식으로도 제격이다.

재료 ingredient
검은콩청국장(또는 메주콩청국장) 70g, 묵은 김치 180g, 늙은호박 국수반죽 140g, 멸치육수 1컵, 대파, 반반 섞은 참기름·들기름

만드는 방법 how to make

1
국수 반죽은 얇게 밀어서 가늘게 썰고, 끓는 물에 삶아서 찬물에 헹궈 건진다.
tip > 반죽하는 방법은 p048 요구르트크림 호박크래커 참조

2
김치는 양념을 약간만 걷어낸 뒤 채 썰고, 대파는 송송 썬다.

3
달군 팬에 기름을 두르고 김치를 달달 볶다가 육수를 붓고, 청국장을 넣어 잘 풀어지게 저어가며 끓인다.

4
간을 봐서 싱거우면 김칫국물을 넣고, 국물이 자작해지도록 끓인다. 국물이 부족하면 육수나 물을 보충한다.

5
국수를 넣고 뒤적여가며 가볍게 볶은 뒤 불을 끄고 대파를 섞는다.

돌나물물김치 국수말이
noodles in sedum watery kimchi

시원한 맛이 좋은 돌나물은 물김치를 담으면 잘 어울린다. 여기에 국수를 말아 넣으면 심심하면서도 개운한 맛이 일품인 새참을 겸한 초간편 밥상이 된다.

재료 ingredient
돌나물 300g, 양파 3/4개, 다듬은 쪽파 60g, 홍고추 1~2개, 풀국(보릿가루 4큰술, 물 2컵), 홍고추 간 것·고춧가루 3큰술씩, 다진 마늘 3큰술, 다진 생강 2큰술, 물 10컵, 소금 2 2/3큰술, 소면 1인분

만드는 방법 how to make

1
돌나물은 씻어서 소쿠리에 밭쳐 물기를 뺀다.

2
보릿가루를 물에 풀어서 풀국을 끓여 식힌다.

3
양파는 채 썰고, 쪽파는 2㎝ 길이로 썬다. 홍고추는 횡으로 썰어서 씨를 털어낸다.

4
다진 마늘과 생강을 망사주머니에 넣고, 분량의 물에 조물조물해서 우려낸다.

5
체를 받치고 고춧가루를 풀어 색깔을 낸 뒤 풀국을 체에 내리고 홍고추 간 것을 섞는다. 소금을 넣어 간을 맞춘다.

6
김치 담을 용기에 돌나물, 양파, 쪽파를 담고 **5**를 붓는다.

7
홍고추를 넣고 한나절 실온에 두었다 냉장보관한다.

8
소면을 삶아서 찬물에 헹궈 건지고, 그릇에 담은 뒤 돌나물물김치를 붓는다.

마 들깨수제비
perilla seed sujebi with yam

마는 기력을 돋우며 마음까지 평안하게 다독이는 요리 재료다. 따뜻한 국물 음식에 특히 잘 어울리는데, 폭신하게 익은 마는 목넘김이 부드럽고 국물은 진국이라 배가 든든하다. 뭔가에 지칠대로 지친 날, 쫄깃한 수제비 한 그릇을 보약 삼아 먹어보자.

재료 ingredient
마 100g, 마 수제비 반죽 1인분, 육수 2½~3컵, 집간장으로 만든 맛간장 1큰술, 볶은 들깨가루 3큰술

수제비반죽(3인분) 껍질 벗긴 마 100g, 통밀가루 300g, 물 1/2컵, 소금 1작은술

만드는 방법 how to make

1
껍질 벗긴 마를 잘게 썰어서 물을 약간 섞어 갈아준다.

2
통밀가루에 1과 소금을 넣고 매끈하게 치댄다. 반죽이 되직하면 물을 약간 섞는다. 랩을 씌워 30분 이상 두었다 한 번 더 치댄다.

3
육수에 된장을 풀어 끓인다. 국물이 팔팔 끓으면 수제비 반죽을 뜯어 넣는다.

4
마를 나박하게 썰어 넣는다.

5
수제비와 마가 익으면 들깨가루를 넣어 조금 더 끓인다.

열무김치 참취국수말이
noodles in young summer radish kimchi broth

열무김치는 기계로 뽑아낸 소면보다 손으로 반죽한 국수가 맛과 영양, 포만감 모두 만족스럽다. 통밀가루만 반죽하거나 쑥갓, 동부콩잎, 참취, 깻잎 등으로 만든 가루를 밀가루에 섞어 색감과 향을 살린다. 칼칼하지만 맵지 않고, 얼음을 띄우지 않아도 시원한 국물을 한 모금 후루룩 마시면 입안이 개운해진다.

재료 ingredient
국수반죽(밀가루 90g, 참취 건조분말 6g, 물 1/4컵, 소금 약간)
국수말이 국물(열무김치국물 3/4컵, 멸치육수 1/2컵), 삶은 달걀, 통깨

열무김치 다듬은 열무 1.5kg, 굵은소금 1/2컵, 고춧가루 1/2컵, 홍고추 간 것 1컵, 멸치액젓 2/3컵, 풀국(보릿가루 6큰술, 물 3컵), 양파 1개, 다진 마늘 1/2컵, 다진 생강 3큰술

tip 〉 열무를 절이지 않고 끓는 물에 데쳐서 버무리는 즉석김치는 살짝만 익히면 입에 닿는 느낌이 부드럽고, 씹을 때 짠맛이 배어나질 않는다. 열무 잎이 질기거나 매운맛이 강하면 이렇게 익혀서 담근 김치가 맛있다.

만드는 방법 how to make

1
열무는 뿌리 부분을 칼로 살살 긁어 흙을 제거하고 잔뿌리도 떼어낸다. 5cm 길이로 썰어 깨끗하게 씻어 건진다.

2
굵은소금을 켜켜이 고루 뿌려서 중간에 한 번 뒤적여주며 숨이 죽을 정도로 절인다. 절인 물만 따라내고, 약간 짭짤할 것 같으면 물에 한 번 담갔다 곧바로 건진다.

3
보릿가루를 물에 풀어 풀국을 끓여 식힌다.

4
고춧가루와 멸치액젓을 섞고, 양파는 채 썬다.

5
절인 열무에 3과 4, 다진 마늘, 생강을 넣어 훌훌 버무린다. 한나절 실온에 두었다 냉장보관한다.

6
열무김치 국물에 멸치육수를 부어 차게 보관한다.

7
국수반죽 재료를 섞어서 매끈하게 치댄 후 얇게 밀어서 삶아 건진다.

8
국수에 6을 붓고 열무김치, 삶은 달걀, 통깨 등을 기호에 맞게 올린다.

애호박고지 잡채
glass noodles with dried green pumpkin

주로 볶아서 나물로 먹는 호박고지는 꼬들한 식감이 좋아 잡채에도 잘 어울린다. 여러 재료를 넣기 보다는 간단한 종류로 순서만 달리해 한번에 볶고, 가장 단순한 재료로 양념하면 재료의 깊은 맛을 낼 수 있다. 특히 말린 채소는 기름에 볶으면 비타민D 흡수가 좋다.

재료 ingredient
당면 150g, 애호박고지 60g, 배추속잎 3장, 당근 50g, 양파 1/2개, 집간장으로 만든 맛간장 3큰술, 육수 1컵, 들기름, 참기름, 후추, 통깨

tip ▶ 당면이 들어간 음식은 따뜻하게 먹어야 맛있다. 식은 잡채는 전자렌지를 사용하기보다 팬을 달구어 기름없이 데우든가 육수 약간만 붓고 뒤적여주는 게 좋다. 남은 잡채는 만두소로도 활용할 수 있다.

만드는 방법 how to make

1
애호박고지와 당면은 각각 물에 불려서 부드러워지면 소쿠리에 밭쳐 물기를 뺀다.

2
애호박고지·배추·당근·양파는 각각 채 썬다.

3
들기름 두른 팬을 달궈서 배추에 소금을 약간 넣어 볶는다.

4
3을 덜어놓고, 다시 기름을 두른 뒤 호박고지·양파·당근을 볶아서 맛간장으로 심심하게 간을 한다.

5
팬에 육수·올리고당·맛간장을 끓여서 보글보글 거품이 일면 불린 당면을 넣고 젓가락으로 뒤적여가며 물기 없이 조린다.

6
3, 4, 5를 섞어서 간이 부족하면 맛간장으로 맞추고, 후추·통깨·참기름을 넣어 훌훌 섞는다.

tip ▶ 만두소로 활용할 수 있는 호박고지잡채밥

1
호박고지 잡채를 가위로 잘게 자르고 현미밥을 비벼 맛간장으로 간을 맞춘다.

2
얇게 민 만두피에 1을 적당량 넣고 잘 여미서 반달형 혹은 끝을 오므려 동그랗게 빚는다.

3
빚은 만두는 김 오른 찜기에 안쳐서 25분가량 찐다. 양념간장을 곁들여 찐만두·물만두로 먹거나 국물음식에 활용한다.

⑦

다과
refreshments

LIST

검은콩크림 딸기빙수
현미밥강정
고구마 땅콩양갱
생강 매작과
고추부각
오크라차·무말랭이차·생강차
강낭콩크래커
들깨두부과자
수정과
현미튀밥 들깨강정
오디 팥빙수
고구마 호두조림
호박잼

검은콩크림 딸기빙수
strawberry bingsoo with soy ice cream

한여름 빙수 한 그릇이면 더위도 달래고 허기도 채울 수 있다. 과일이 중심이 되면 뒷맛이 깔끔하고, 검은콩크림을 더해주면 기분 좋은 포만감이 들어 차게 먹어도 속이 불편하지 않다. 찹쌀떡이나 콩고물 인절미를 곁들이면 출출할 때 간식으로도 그만이다.

재료 ingredient
딸기 150g, 검은콩크림·빙수동부 4~5큰술씩, 각얼음 1컵, 우유 1/2컵

검은콩크림 검은콩 1⅓컵, 우유 2½컵, 달걀 3개, 황설탕 140g, 통밀가루 40g

빙수동부 밤콩동부 2컵, 소금 2/3 작은술, 황설탕·올리고당 1컵씩, 물 6~7컵

tip > 검은콩 서리태는 겉은 검어도 속이 푸르스름해서 '속청'이라 불리기도 한다. 검은콩을 오래 삶으면 색이 누르스름해지고 메주 냄새가 날 수 있으니, 알맞게 익히는 것이 포인트다.

만드는 방법 how to make

1
검은콩은 3~4시간 물에 불린 후 푹 잠기게 물을 붓고 20~25분 삶아서 부드럽게 익힌다. 식으면 분쇄기에 성글게 갈아준다.

2
바닥을 긁어도 좋은 팬에 달걀, 황설탕, 통밀가루를 넣고 거품기로 저어서 풀어준다.

3
우유를 끓여서 2에 붓고 눌어붙지 않게 거품기로 바닥을 긁듯이 저어가며 끓여서 뻑뻑해지면 불을 끈다.

4
3에 1을 고루 섞은 뒤 약불에서 저어가며 좀 더 끓여서 되직해지면 불을 끈다.

5
검은콩크림이 완성되면 식혀서 냉장보관한다.

6
밤콩동부는 3~4시간 불려서 물 6~7컵을 붓고 삶는다. 동부가 폭신하게 익으면 불을 줄인 뒤 황설탕, 올리고당, 소금을 넣어 국물이 약간 졸아들도록 끓인다.

7
다 조려졌을 때 국물이 자작하게 남도록, 끓이는 도중에 부족하면 물을 보충해준다. 완성되면 식혀서 냉장보관한다.

8
딸기 2/3를 덜어 메주콩물에 섞어 갈아준다.
tip > 콩물 만드는 방법은 p042 두메부추 콩물 달걀찜 참조

9
각얼음을 갈아서 그릇에 담고 딸기쥬스를 적당량 부은 뒤 빙수동부, 검은콩크림, 딸기를 올린다.

현미밥강정
brown rice-coated fried cake

현미밥을 햇볕에 말려서 기름에 튀기면 튀밥보다 훨씬 고소하고, 시럽에 버무려도 느끼하지 않다. 검은콩은 쪄서 볶고 땅콩과 해바라기씨, 들깨도 각각 볶아 두면 언제라도 시럽에 조려 먹을 수 있는 깔끔한 간식이 된다.

재료 ingredient
말린 현미밥 2/3컵(튀긴 현미밥 2컵), 검은콩 2/3컵, 해바라기씨·땅콩 1/2컵씩, 시럽(조청 3/4컵, 황설탕·물 1큰술씩), 식용유

tip › 현미밥은 말린 상태에 따라 튀겼을 때 분량이 다르다. 시럽 분량은 튀긴 밥을 기준으로 한다.

만드는 방법 how to make

1
말린 현미밥은 170~180℃의 식용유에 바삭하게 튀겨서 튀김망에 밭쳐 기름을 뺀다.

2
검은콩은 씻어서 김 오른 찜솥에 40분가량 찌고, 식으면 팬을 달궈서 약불로 줄인 후 바삭하게 볶는다.

3
땅콩은 약불에 볶아서 껍질을 벗기고, 해바라기씨도 약불에 볶는다.

4
시럽 재료를 젓지 말고 중불에서 끓인다.

5
설탕이 녹고 거품이 보글보글 일면 약불로 줄인다. 강정 재료를 넣고 뒤적이며 조린 뒤 엉겨붙으면 불을 끈다.

6
시럽에 버무린 강정을 쟁반이나 넓은 접시에 쏟아붓고, 한 김 나가면 굳어지지 전에 한 입 크기로 동글동글하게 뭉친다. 덜 식으면 손에 들러붙고, 너무 식으면 굳으니 적당한 시간에 재빠르게 만드는 것이 중요하다.

고구마 땅콩양갱
jelly of sweet potato & peanut

고구마를 이용한 음식은 달고 부드러워 아이들 영양 간식은 물론, 포만감은 크면서 속을 편안하게 해주어 밥 대신으로 좋다. 찐 고구마를 한천과 섞어 끓여 굳힌 양갱은 재료 준비도 간단하고 분량만 잘 맞추면 단번에 만들 수 있다. 멋스럽게 담아내면 선물용으로도 더할 나위 없다.

재료 ingredient
찐 고구마 500g, 땅콩 1컵, 실한천 13g, 황설탕 6큰술, 소금 약간, 물 450㎖

tip > 양갱은 뻑뻑하다 싶을 정도로 걸쭉하게 끓여 틀에 부어 굳힌다. 양갱재료에 수분이 많으면 끓이는 시간이 길어지고, 충분히 조려주지 않으면 굳었을 때 말랑한 식감이 제대로 나지 않는다.

만드는 방법 how to make

1
고구마는 껍질째 씻어서 찜기에 찐 후 껍질을 벗기고 으깬다.

2
한천은 물에 불려서 부드러워지면 건진다.

3
땅콩은 마른 팬에 볶아서 식힌 뒤 껍질을 벗기고 성글게 으깬다. 비닐백에 담아 밀대로 눌러주면 깔끔하다.

4
성글게 으깬 땅콩은 양갱 굳힌 틀에 약간씩 넣는다.

5
물을 팔팔 끓여서 한천을 넣고 말갛게 풀어지도록 끓인 뒤 설탕을 넣어 녹인다.

6
불을 끄고 1을 넣어 풀어준 뒤 소금을 약간 넣고 끓인다. 끓기 시작하면 불을 줄이고, 걸쭉해지도록 저어가며 조린다. 주걱으로 떴을 때 뚝뚝 떨어지는 정도면 불을 끈다.

7
한 김 나가면 남은 땅콩을 섞는다.

8
틀에 부어 굳힌다.

9
완전히 굳으면 뒤집어 꺼낸다.

생강 매작과
ginger cracker

생강은 강한 향과 매운 맛으로 간혹 부담스러울 수 있지만 기름에 튀겨 시럽에 버무린 과자는
튀김이나 밀가루 음식을 멀리하는 어르신, 생강과 친하지 않은 아이들도 첫맛에 반한다.
달걀이나 버터가 없어 맛이 개운하며, 튀김인데도 느끼하지 않고 소화가 잘 되는 것은 덤이다.

재료 ingredient
통밀가루 200g, 말린 생강가루 5g(1½큰술), 계피가루 1작은술, 소금 2/3작은술, 물 250㎖, 식용유, 잣가루

시럽 물(생강 우린 물 포함) 8큰술, 황설탕·올리고당 4큰술씩

tip > 센 불에서 급하게 튀겨내면 식었을 때 눅눅하고, 약불에서 천천히 튀겨야 시간이 지나도 바삭하다.

만드는 방법 how to make

1
생강가루를 물에 풀어서 끓인 뒤 식으면 고운체에 걸러 국물만 받는다. 반죽에 쓰고 남은 생강 물은 시럽 끓일 때 넣는다.

2
통밀가루에 계피가루를 섞어 체에 내리고, 생강 우린 물 110~120㎖와 소금을 넣어 되직하게 반죽해 오래 치대고, 랩을 씌워 30분 이상 두었다 한 번 더 치댄다.

3
말랑말랑해진 반죽을 만두피처럼 얇게 밀어 2×5㎝ 크기로 자르고, 크기가 맞지 않는 가장자리 반죽은 랩에 싸두었다가 같은 방법으로 만든다.

4
반죽을 반으로 접어 가운데 세 줄 칼집을 낸다. 양쪽은 조금 짧게, 가운데는 약간 길게 내, 한쪽 끝을 중앙으로 밀어 넣어 뒤집어 빼내 타래 모양을 만든다.

5
약간 낮은 온도에서 바삭하게 튀긴다. 반죽이 위로 떠오를 때 가운데 부분이 벌어지면 잠깐 동안 젓가락으로 집어 안으로 모아준다. 튀김망에 밭쳐 기름을 뺀다.

6
냄비나 조림 팬에 시럽 재료를 넣어 젓지 말고 중불에서 끓인다. 보글보글 거품이 일며 설탕이 녹으면 불을 끄고 식힌 후 튀긴 과자를 버무린다.

7
쟁반이나 접시에 가지런히 담아 잣가루를 뿌린다.

고추부각
fried korean chili pepper

고추밭에 남아 있는 풋고추도 서리 맞기 전에 거둬 맛있게 저장하는 방법이 바로 쪄서 말리는 부각이다. 바삭하고 고소한 맛이 일품인 고추부각은 사계절 밑반찬으로 좋다. 고추를 쪄서 말리기까지는 적잖이 품이 들어도 튀겨서 맛내기는 간단하다.

재료 ingredient
부각용 고추 100g, 집간장으로 만든 맛간장 1½큰술, 올리고당 3큰술, 물 1큰술, 통깨, 식용유

tip > 매운 고추라면 세로로 반을 가른 후 푹 잠길 정도로 물을 붓고 식초를 약간 섞어 하루 정도 담가 두었다가 헹구면 웬만한 매운맛은 가신다.

만드는 방법 how to make

1
부각용 고추는 망에 밭쳐 부스러기를 털어낸다.

2
튀김을 건져 담을 준비를 해놓고 170~180℃의 기름에 재빠르게 고추를 튀겨내 튀김망에 밭쳐 기름을 뺀다.

3
냄비나 조림 팬에 맛간장·올리고당·물을 끓여 바글바글 거품이 일면 불을 끈다.

4
조림소스에 튀긴 고추를 넣고 가볍게 뒤적인 뒤 통깨를 섞는다. 고추를 처음부터 소스와 같이 조리면 식었을 때 들러붙어 떨어지지 않을 수도 있다.

tip > 부각용 고추 만들기

1
풋고추는 세로로 반을 가른다. 고추에 물기가 약간만 남아있게 해서 비닐봉지에 밀가루(또는 찹쌀가루)와 고추를 담고 흔들어서 가루를 고루 묻힌다.

2
김 오른 찜솥에 면포를 깔고, 밀가루 묻힌 고추를 가지런히 올려서 밀가루가 익을 정도로만 찐다.

3
나무 채반이나 얇은 쟁반에 들러붙지 않게 펼쳐서 햇볕에 말린다. 바삭하게 건조가 되면 지퍼백이나 밀폐용기에 담아 서늘한 곳에 보관한다.

오크라차 · 무말랭이차 · 생강차
three types of tea

작물을 거두어 직접 만들어 즐기는 차는 그야말로 건강 음료다. 오크라 씨앗을 볶아 커피 대신 마시는 차는 중독성도 없고 부작용도 없다. 한겨울 무말랭이차는 식후 마시면 소화를 돕고 몸도 따뜻하게 한다. 생강차는 겨울철 혈액순환에 특히 좋다.

오크라차 재료 ingredient
오크라 씨앗 1~2컵

만드는 방법 how to make

1

2

1. 오크라 씨앗을 씻어 물기를 빼고, 기름이나 이물질이 없는 팬을 달궈서 중약불에서 5분, 약불에서 15~20분가량 타지 않게 볶는다. 식으면 커피 그라인더에 갈아준다.

2. 커피메이커를 이용해 기호에 맞게 커피처럼 추출해낸다. 원두의 1.5~2배 정도 양을 넣는다.

무말랭이차 재료 ingredient
볶은 무말랭이 6~7g, 물 5컵

만드는 방법 how to make

1

2

1. 팬을 달궈서 약불로 줄인 후 무말랭이를 넣어 고르게 색깔이 나게 볶는다. 식으면 가루를 털어낸 뒤 밀폐용기에 보관한다.

2. 냄비나 주전자에 볶은 무말랭이와 물을 넣고 오래 팔팔 끓인다. 식혀서 냉장보관한다.

생강차 재료 ingredient
생강, 꿀(분량은 껍질 벗기기 전의 생강과 같거나 약간 많게 한다)

만드는 방법 how to make

1

2

1. 생강은 껍질에 영양분이 많으니 살짝만 벗겨 씻는다.

2. 생강은 되도록 얇게 썰어서 꿀에 버무린다.

3

4

3. 병을 열탕처리한다. 병이 반 이상 잠기게 물을 붓고 처음부터 함께 끓인다. 팔팔 끓으면 좀 더 끓여서 건지고, 자연스럽게 물기를 말린다.

4. 물기가 가신 병에 2를 담아서 서늘한 곳에 보관한다. 1주일 이상 지나면 뜨거운 물에 적당량 타서 마신다.

강낭콩크래커
kidney bean cracker

죽처럼 걸쭉하게 만든 강낭콩 갈은 물에 밀가루를 섞어서 치대면 말랑한 반죽이 된다. 콩 반죽은 얇게 밀어야 튀기기도 쉽고 식감도 바삭하다. 아이들과 함께 놀이하듯 만들기 좋은 간식이다.

재료 ingredient
통밀가루 200g, 자색 강낭콩 60g, 물 1/2컵, 소금 1작은술, 식용유

tip 〉 자색 강낭콩은 여문 콩보다 풋콩이 색이 더 연하고 익혔을 때 식감이 훨씬 부드럽다. 풋풋한 맛을 느긋하게 즐기려면 풋콩일 때 거둬서 냉동보관한다.

만드는 방법 how to make

1
강낭콩은 씻어서 물을 넉넉하게 붓고 푹 물러지도록 삶는다. 국물이 남으면 2에 섞는다.

2
삶은 콩이 식으면 물 1/2컵을 섞어 분쇄기에 곱게 갈아준다. 갈면 약 한 컵 분량이 나온다.

3
통밀가루에 소금과 2를 넣고 되직하게 반죽한다. 오래 치대서 반죽이 매끈해지면 랩을 씌워 1시간가량 두었다 한 번 더 치댄다.

4
반죽을 2등분해서 하나씩 도마에 올려놓고 덧가루를 약간만 뿌려가며 만두피 두께로 얇게 밀어준다.

5
포크로 콕콕 찍은 뒤 쿠키커터나 패트병을 잘라서 지름 4~5㎝ 크기로 동그랗게 찍어낸다. 자투리 반죽은 랩에 싸 두었다가 같은 방법으로 만든다.

6
보통 튀김온도(170~180℃)보다 약간 낮은 온도에서 바삭하게 튀기고, 튀김망에 밭쳐 기름을 뺀다.

들깨두부과자
cracker with tofu & perilla seed

진한 들깨 향이 기분 좋게 퍼지는 바삭한 과자. 볶은 들깨와 두부를 섞어 매끈하게 치댄 뒤, 한 입 크기로 썰어 기름에 튀기면 그 풍미가 상당하다. 검은 들깨나 검은깨를 활용하거나 두부 대신 삶은 콩을 갈아 넣어도 먹음직한 과자를 만들 수 있다.

재료 ingredient
두부 100g, 밀가루 200g, 달걀 1개, 흰 들깨(또는 검은 들깨, 검은깨) 3큰술, 소금 2/3작은술, 황설탕 1큰술, 식용유

만드는 방법 how to make

1
들깨는 씻어서 물기를 빼고, 마른 팬에 볶는다.

2
두부는 도마에 놓고 칼로 눌러서 으깬다. 두부에 물기를 빼지 않으면 반죽에 물을 넣지 않아도 된다.

3
밀가루, 달걀, 황설탕, 소금, 1과 2를 섞어 매끄럽게 치댄 후 랩을 씌워 30분 이상 두었다 한 번 더 치댄다.

4
반죽을 반으로 나눠서 하나씩 얇게 밀어 펴고, 2cm 폭으로 세로로 자른 뒤 마름모꼴이 되도록 사선으로 자른다. 들러붙지 않게 덧가루를 뿌려서 헤쳐 놓는다.

5
한 번에 튀길 만큼 망에 담아 가루를 털고, 170~180℃의 기름에 바삭하게 튀긴다.

6
튀김망에 밭쳐 기름을 뺀다.

수정과
cinnamon punch with dried persimmon

수정과는 계피와 생강 각각의 향이 잘 살아나도록 따로 끓이고, 두 국물을 한데 섞어 흑설탕을 넣고 한 번 더 끓여 식힌다. 살얼음 동동 뜨게 하면 더 먹음직한 수정과가 완성된다. 곶감과 잣이 담기면 영양균형도 좋아지며 향이 진한 국물과 말랑한 곶감의 단맛이 삼삼하게 어우러진다.

재료 ingredient
껍질 벗긴 생강 200g, 통계피 120g, 물 24컵, 흑설탕 3컵

만드는 방법 how to make

1
계피와 생강은 물에 씻어서 건지고, 생강은 껍질을 벗긴다.

2
껍질 벗긴 생강은 얇게 저민다.

3
물 12컵에 생강을 넣고 끓기 시작하면 은근한 불에서 30분가량 끓인다. 생강은 체에 거르고 물은 수정과 끓일 솥에 붓는다.

4
물 12컵에 계피를 넣고 40분가량 끓여서 고운체나 면포에 밭쳐 걸러낸다.

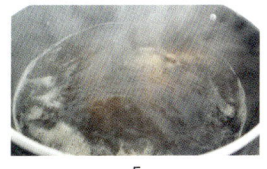

5
4에서 걸러낸 물을 3에 붓고 흑설탕을 넣어 끓인다. 흑설탕이 녹으면 국물이 약간 졸아들도록 좀 더 끓여서 식힌다. 차게 보관하고 곶감·잣 등을 띄워 낸다.

현미튀밥 들깨강정
brown rice-coated fried cake with perilla seed

오일장이 서는 날, 현미를 가져가 뻥튀기를 해다 여러 가지 강정을 만들어 본다. 검은 들깨보다 흰 들깨가 더 고소하고 맛이 진해 강정 만들기에 좋다. 흰 들깨 외에도 땅콩, 해바라기씨, 호박씨 등 다양한 견과류를 적당히 섞으면 적게 먹어도 속이 꽉 찬 느낌이다.

재료 ingredient
현미튀밥 4컵, 흰들깨 1컵,
시럽(조청 180㎖, 황설탕·물
1큰술씩)

만드는 방법 how to make

1
흰들깨는 씻어서 물기를 뺀다.

2
마른 팬을 달궈서 들깨를 볶는다.
손으로 비벼서 바삭하게 부서질
정도로 볶는다.

3
강정 굳힐 틀에 기름칠을 해두고
조청에 물과 황설탕을 넣고
시럽을 끓인다.

4
시럽이 보글보글 끓으며 거품이
일면 불을 줄이고, 튀밥과 들깨를
넣고 뒤적여서 잘 엉겨 붙으면
불을 끈다.

5
시럽에 버무린 강정을 기름칠한
틀에 붓고 판판하게 눌러서
다독인 후 굳어지기 전에 적당한
크기로 자른다.

tip > 커터칼로 자르면 부서지지
않아서 깔끔하다.

오디 팥빙수
red bean ice dessert with mulberry

손에 닿는 대로, 입맛에 맞는 재료로 만들어 먹는 나만의 빙수. 곱게 간 얼음 위에 달콤하게 조린 팥을 올리고 연분홍색 딸기콩물주스를 살포시 붓는다. 그 위에 살짝 얼은 오디가 사각사각 씹히는 것이 진정 여름의 맛이다.

재료 ingredient
오디 1/3컵, 빙수팥 3~4큰술, 콩물 섞은 딸기즙(또는 콩물) 4~5큰술, 각얼음 1⅓컵, 볶아서 성글게 으깬 땅콩 약간

빙수팥 붉은팥 2컵, 물 6~7컵, 소금 2/3작은술, 황설탕·올리고당 1컵씩

만드는 방법 how to make

1
팥을 씻어서 푹 잠기게 물을 붓고 삶는다. 부르르 끓어오르면 물을 따라내고, 물 6~7컵을 붓고 중불에서 30~40분가량 삶는다.

2
팥알이 갈라지듯 부드럽게 익으면 황설탕, 올리고당, 소금을 넣고 국물이 흥건하게 남도록 조린다. 국물이 부족하면 물을 좀 더 넣어 조린다.

3
완성된 빙수팥은 식힌 후 냉장 보관한다.

4
오디는 씻어서 물기를 뺀 뒤 꼭지를 딴다.

5
각얼음을 빙수기에 갈아서 그릇에 담고 빙수팥, 콩물 딸기즙, 오디, 땅콩을 올린다.

고구마 호두조림
hard-boiled walnut with sweet potato

달콤한 고구마와 고소한 호두는 같이 먹으면 더욱 맛있다. 밥반찬도 되고 간식으로도 깔끔한
고구마 호두조림은 재료도 간단해 뚝딱 만들 수 있다. 견과류가 잘 어울리는 고구마에는
호두 대신 땅콩을 곁들여도 좋다.

재료 ingredient
고구마 300g, 호두 50g, 멸치육수 1컵, 집간장으로 만든 맛간장 2/3큰술, 올리고당 1½큰술, 식용유, 검은깨

만드는 방법 how to make

1
고구마는 씻어서 껍질째 한 입 크기로 썬다.

2
호두는 손으로 작게 쪼갠다.

3
기름 두른 팬을 달궈서 고구마를 달달 볶다가 맑은 색이 나면 육수를 붓고 뚜껑을 닫고 익힌다.

4
고구마가 설겅설겅하게 익으면 맛간장과 올리고당을 넣어 약간만 조린 뒤 호두를 넣고, 국물이 졸아들도록 뒤적여가며 조린다.

5
그릇에 담고 검은깨를 솔솔 뿌린다.

호박잼
pumpkin jam

늙은호박은 한 개만 잘라도 양이 많아서 자칫 남아돌 때가 있다. 잼은 당도가 낮거나 좀 물러졌거나, 얼었다 녹은 호박으로도 만들 수 있어 남은 호박을 처분하기 좋다. 잼을 만들어 오래 보관해 두고 다양한 디저트에 활용해 본다.

재료 ingredient
늙은호박 과육 1.5kg, 황설탕 400g

tip > 호박에 설탕을 넣어 조리다보면 보글보글 끓으면서 튀어 오르기도 하는데, 손잡이가 긴 주걱을 이용하면 편하다. 많은 양을 끓일 때는 어느 정도 조리다가 불을 끄고 쉬었다 다시 조리는 방법이 낫다.

만드는 방법 how to make

1

늙은호박은 껍질을 벗긴 뒤 속을 긁어낸다.

2

손질한 호박은 잘게 썰거나 분쇄기에 성글게 갈아준다.

3

깊이가 있는 냄비에 호박을 안치고 은근한 불에서 바닥에 눌어붙지 않게 주걱으로 저어가며 부피를 최대한 줄여준다.

4

숨이 죽으면 설탕을 넣고 주걱으로 저어가며 조린다.

5

덜 졸이면 식었을 때 물이 생기고 냉장보관해도 쉽게 변질될 수 있으니 뻑뻑한 질감이 될 때까지 졸여주는 것이 좋다.

6

식으면 밀폐용기에 담아 냉장 보관한다.

tip > 호박잼으로 샌드위치 만들기

1

전기밥솥 베이킹 옥수수빵을 반달 모양으로 자른 뒤 위아래를 적당히 다듬고 횡으로 이등분한다. 잘라낸 바깥쪽은 분쇄기에 갈거나 굵은 체에 내려 빵고물을 만든다.

2

중간 부분 두 쪽은 호박잼을 발라서 포갠 후 맨 위에도 호박잼을 바르고, 빵고물을 솔솔 뿌린다.

PART 6 **일러두기**

- 튀김 온도 측정방법 – 보통 튀김 온도로 적합한 170~180℃는 가열한 기름에 물 한 방울을 튀겨 유리창 깨지는 소리가 맑게 나는 것으로 가늠한다. 탁하고 드높은 소리가 나면 기름 온도는 높은 편이고, 온도가 낮으면 튀김 재료는 가라앉는다. 기름 중간쯤 내려갔다 곧바로 뜨면 적절한 온도. 약간 낮은 온도로 맞추려면 적절한 온도로 가열해 약불로 줄인 후 튀긴다.

전
pancake

LIST

오크라밥전

엄나무순 나물전

아욱나물전

김치통밀전병

감자채전

무튀김

꽃다지튀김

머위튀김

대파카레달걀말이

마 삼색전

달래전과 달래무침

가지구이

오크라밥전
red bean & Pumpkin ricecake

연노란색 오크라 알은 쌀에 섞어 밥을 지으면 특유의 점질물로 인해 밥에 찰기가 돌고, 구수하면서 톡톡하게 씹히는 맛에 포만감도 크게 남는다. 오크라밥에 채소를 섞어 바삭하게 전을 부치면 자주빛으로 변한 오크라 알 덕분에 색감도 좋고, 바싹 구운 누룽지맛도 은근히 나는 색다른 간식이 된다.

재료 ingredient
오크라밥 1공기, 양파 1/4개, 감자 1/2개, 대파 약간, 통밀가루 2큰술, 달걀 1개, 소금, 식용유

오크라밥 현미 1컵, 구분도미 1/2컵, 오크라 덜 여문 알갱이 1컵, 물 2컵

만드는 방법 how to make

1
오크라의 덜 여문 알을 씻어서 건진다.

2
현미와 구분도미를 씻어서 솥에 안치고, 오크라 알을 섞어 고슬고슬하게 밥을 짓는다.

3
감자, 양파, 대파는 각각 잘게 썬다.

4
오크라밥 한 공기에 3과 달걀, 소금을 고루 섞은 뒤 통밀가루를 넣어 약간 되직하게 반죽한다.

5
기름 두른 팬을 달궈서 4를 한 순갈씩 떠 넣고 밑면이 충분히 익었을 때 뒤집어서 바삭하게 익힌다. 채반에 밭쳐 한 김 나가면 접시에 담고, 초간장이나 피클처럼 담근 오크라장아찌를 곁들인다.

엄나무순 나물전
kalopanax sprout pancake

엄나무순은 봄철 놓칠 수 없는 고급나물이다. 가시를 피해 딴 엄나무순은 겉을 손질하고 간단히 반죽옷을 묻혀 부쳐낸다. 향도 진하고 씹히는 맛도 진한, 엄나무순만의 독특함을 즐겨보자.

재료 ingredient
엄나무순 150g, 통밀가루·물 1컵씩,
소금 약간, 식용유

tip › 어린 엄나무순은 끓는 물에 단순히 데쳐서 찬물에 헹구고 물기를 짠 뒤, 한 입 크기로 잘라서 초고추장을 곁들여 먹는 숙회도 좋다.

만드는 방법 how to make

1
엄나무순은 약간 크게 자란 것도 사용할 수 있다. 밑동이 흐트러지지 않게 거둬서 밑동을 감싼 잎집만 걷어낸 뒤 씻어서 물기를 뺀다.

2
통밀가루, 물, 소금을 섞은 데 1을 담가서 반죽옷을 고루 입힌다.

3
기름 두른 팬을 달군 후 2를 하나씩 건져서 가지런히 펼쳐놓고 밑면에 색이 나면 뒤집어서 바삭하게 지진다. 채반에 받쳐서 한 김 나가면 초간장을 곁들여 낸다.

아욱나물전
curled mallow pancake

한방에서는 아욱을 '동규', 말린 아욱씨를 '동규자'라 하며 약으로 쓴다. 성질이 차고 미끄러워 배변을 원활하게 하고 신장 기능을 튼튼하게 해준다고 한다. 국, 나물 등을 해 먹고 남은 아욱잎은 통밀가루에 섞어 전을 부치면 좋다. 색감도 곱고 아삭아삭 씹히는 맛이 진한 요리다.

재료 ingredient
다듬은 아욱 200g, 통밀가루·물 1컵씩, 양파 1/4개, 풋고추 2~3개, 홍고추 1개, 소금 약간, 들기름

tip › 아욱나물전을 부칠 때 고추장을 풀어 장떡을 부쳐도 별미인데, 개운한 맛은 소금간이 낫고, 통밀가루에 현미멥쌀가루를 섞으면 담백하면서 바삭한 식감이 몰라보게 좋아진다.

만드는 방법 how to make

1
아욱은 먹기 전에 풋내를 우려야 한다. 손으로 만져서 억센 줄기는 다듬어 버리고, 부드러운 줄기는 껍질을 살짝 벗긴 뒤 풋물이 배어나오도록 주물러 헹구어낸다.

2
팔팔 끓는 물에 숨이 죽을 정도로만 살짝 데쳐서 찬물에 헹구고 물기를 짠다.

3
데친 아욱, 양파, 청고추는 어슷하게 썰고, 홍고추는 링 모양으로 썰어서 씨를 털어낸다.

4
통밀가루·물·소금을 고루 풀어 섞은 다음 홍고추를 제외한 재료를 섞는다.

5
기름 두른 팬을 달궈서 **4**를 한 숟갈씩 떠 넣고 홍고추 한 조각씩 올린다. 밑면에 색이 나면 뒤집어 노릇노릇하게 부친다.

6
채반에 밭쳐서 한 김 나가면 초간장을 곁들여 낸다.

김치통밀전병
a grilled wheat cake with kimchi

흔히 김치에 밀가루 반죽을 섞어 김치전을 만들어 먹지만, 같은 재료라도 조리법을 조금만 달리하면 색다른 맛을 즐길 수 있다. 볶은 김치를 구수한 통밀전으로 감싸면 약간 매콤한 김치도 부드러워지고, 기름에 지진 전도 느끼하지 않다.

재료 ingredient
배추김치 200g, 양파 1/4개, 대파 2/3줄기, 통밀가루·물 1컵씩, 소금 약간, 후추, 통깨, 들기름, 식용유

만드는 방법 how to make

1

김치는 양념을 살짝 걷어낸 뒤 세로로 한두 번 잘라서 가늘게 채 썬다. 양파는 채 썰고, 대파는 잘게 썬다.

2

들기름 두른 팬을 달궈서 김치와 양파를 달달 볶는다. 충분히 볶은 후 불을 끄고, 대파·후추·통깨를 섞는다.

3

밀가루, 물, 소금을 고루 섞어서 체에 내린다.

4

식용유 두른 팬을 달궈서 불을 약간 줄이고, 3을 한 국자씩 떠 넣고 얇게 부친다. 밑면에 색이 났을 때 뒤집으면 찢어지지 않고 깔끔하게 부칠 수 있다. 여기에 2를 적당량 올린다.

5

김밥을 말듯 통밀전을 돌돌 말아준다.

6

채반에 받쳐서 한 김 나가면 그대로 접시에 담거나 한 입 크기로 잘라서 담는다.

감자채전
potato pancake

채소는 칼질하는 방법에 따라 식감만 다른 게 아니라 본연의 맛 자체가 달라지기도 하는데 감자채전도 그 중 하나이다. 감자를 투박하게 썰면 절대로 제 맛이 나질 않는다. 그렇다고 채칼로 치면 너무 부드러워 씹히는 맛이 덜하다. 저미듯 얇게 썰어서 가늘게 채 썰고, 감자 맛을 잘 살리려면 향이 강한 채소를 함께 넣는 것은 삼간다. 감자채전은 감자 하나만으로도 충분하다.

재료 ingredient
감자 3개, 밀가루, 소금, 식용유

tip › 감자채전은 반죽에 밀가루가 과하면 텁텁하고, 약간만 섞으면 기름을 적게 흡수하고 모양내기도 깔끔하다.

만드는 방법 how to make

1
감자는 껍질을 벗기고 가늘게 채 썬다.

2
물에 한 번 헹궈서 물기를 뺀다. 물에 헹궈서 전분을 우려내면 좀 더 아삭하다.

3
감자채가 엉겨 붙어 전을 부칠 수 있을 정도로만 통밀가루를 넣고 소금간을 해서 고루 섞는다.

4
기름 두른 팬이 달궈지면 불을 약간 줄이고, 3을 젓가락으로 집어 얇게 펼친 후 밑면에 색깔이 났을 때 뒤집어서 바삭하게 지진다.

무튀김
fried white radish

가을무는 보약이라고 한다. 몸을 따뜻하게 하고 감기 예방에도 좋은 무로 튀김을 만들어 보자. 얄팍하게 썰어 튀기면 적당히 아삭하고 전을 부치는 것보다 익히기 쉽고 식감도 좋다. 특히 치자 우린 물로 반죽하면 밀가루의 거북한 맛이 싹 사라진다.

재료 ingredient
무 150g, 치자열매 1개, 물 2/3컵,
통밀가루 2/3컵, 소금 약간, 식용유,
초간장

만드는 방법 how to make

1
치자 열매를 물에 담가 노란색을 우려낸다.

2
무를 5×3㎝ 크기로(또는 반달 모양으로) 얄팍하게 썬다.

3
통밀가루, 소금, 치자 우린 물을 고루 섞어서 약간 되직하게 튀김옷을 만든다.

4
무에 튀김옷을 입혀서 170~180℃의 기름에 바삭하게 튀긴다.

5
튀김망에 받쳐 기름을 뺀 뒤 접시에 담고, 초간장을 곁들인다.

꽃다지튀김
fried whitlow grass

다닥다닥 모여 피고, 위로 차례로 꽃이 피고 씨를 맺는 모양에서 꽃다지라 불리는 야생초.
꽃이 피기 전, 어린 잎은 요리 재료로도 훌륭하다. 손질한 꽃다지를 튀기면 앙증맞은 잎 생김이
그대로 살아나 마치 꽃을 담아놓은 듯, 모양도 곱다.

재료 ingredient
꽃다지 50g, 통밀가루 물 3/4컵씩,
치자열매 1개, 소금 약간, 식용유

tip ❯ 꽃다지는 쓴맛이 없어 우려내지 않아도 되고 단순한 양념으로 맛내기 쉽다. 씻어서 물기를 빼 냉장보관하면 일주일 정도는 신선하게 유지되고 데쳐서 얼리면 오래 저장할 수 있다.

만드는 방법 how to make

1
꽃다지는 물에 담가서 잎 틈새에 낀 흙이 빠지면 훌훌 씻어서 물기를 뺀다.

2
치자 열매를 물에 담가 색을 우려낸다.

3
통밀가루, 소금, 치자 우린 물을 고루 섞어서 튀김옷을 만든다.

4
꽃다지를 3에 담가서 튀김옷을 입힌 후 170~180℃의 기름에 바삭하게 튀긴다.

5
튀김망에 건져서 기름을 빼고 초간장을 곁들여 낸다.

머위튀김
fried butterbur

나물로 먹을 때 거북할 정도로 성질이 강한 채소도 튀겨내면 한결 향이 은은해지고 고소한 맛을 더한다. 오히려 향이 적고 부드러운 채소 튀김은 밋밋하고 싱거울 수 있다. 그런 점에서 머위는 튀김과 잘 어울린다. 첨가물을 섞지 않은 통밀가루 반죽옷으로 머위 본연의 맛을 즐겨보자.

재료 ingredient
머위 어린잎 15~20장,
통밀가루·물 2/3컵씩, 소금 약간,
식용유

tip > 머위잎은 우러내지 않고 생잎 그대로 튀기고, 잎이 작은 것으로 해야 튀기기도 좋고, 먹기도 좋다.

만드는 방법 how to make

1
머위는 한 장씩 씻어서 물기를 빼고, 잎자루를 1㎝가량 남게 다듬는다.

2
통밀가루에 소금과 물을 넣어 고루 풀어준다.

3
머위 잎을 통밀반죽에 묻혀 170~180℃의 식용유에 바삭하게 튀긴다.

4
튀김망에 밭쳐 기름을 빼고, 한 김 나가면 튀김간장소스를 곁들여 낸다.

대파카레달걀말이
curry egg roll with spring onion

대파 특유의 매운맛은 혈액순환과 위장 기능을 좋게 하고, 소화액의 분비를 촉진시켜 속을 편안하게 한다. 대파와 잘 어울리는 달걀과 짝을 지은 요리가 좋은데, 달걀말이에 카레가루까지 넣어주면 느끼한 맛이나 혹시나 있을지 모를 달걀 냄새가 말끔히 사라진다.

재료 ingredient
다듬은 대파 60g, 홍고추 2개,
달걀 3개, 카레분말 2큰술, 식용유

만드는 방법 how to make

1

대파는 씻어서 물기를 빼고,
홍고추는 반으로 갈라 씨를
털어낸다.

2

대파와 홍고추는 각각 잘게 썬다.

3

달걀을 잘 풀어준 뒤 카레분말을
고루 섞는다.

4

3에 2를 섞는다.

5

기름 두른 팬을 달궈서 불을 약간
줄이고, 4를 1/3가량 얇게 붓고
반쯤 익으면 돌돌 말아서
한쪽으로 밀어놓는다. 남은 분량
절반을 붓고 반쯤 익었을 때
말아주고, 이어서 같은 방법으로
말아준다. 겉모양이
깔끔해지도록 표면을 살짝
눌러가며 익힌다.

6

한 김 나가면 한 입 크기로 썬다.

마 삼색전
three type of yam pancake

열매 마는 껍질을 벗기면 변색이 된다. 사과의 갈변현상은 맛을 떨어뜨리지만, 열매 마는 맛과 영양에 변화가 없다. 색이 변하는 정도에 따라 음식의 색감을 살릴 수 있어서 열매 마 한가지로 삼색전을 만들어 볼 수 있다.

재료 ingredient
소금 약간, 식용유

아삭한 마전 열매 마 1개, 달래 약간, 통밀가루 물 2/3컵씩

부드러운 마전 마 간 것 100g(약 1컵), 통밀가루 1/3컵, 물 1/2컵

마 봄나물전 마 120g, 꽃다지 50g, 달래 20g, 홍고추 2개, 통밀가루 1컵, 물 1컵

만드는 방법 how to make

1
열매 마는 조리 직전에 껍질을 벗긴다.

2
껍질 벗긴 마를 얇게 썰어서 밀가루·소금·물을 고루 섞은 반죽에 넣는다.

3
기름 두른 팬을 달궈서 마를 하나씩 올리고, 잘게 썬 달래 잎을 얹어서 바삭하게 익힌다.

4
부드러운 마전을 만들기 위해서 껍질을 벗긴 마를 분쇄기에 갈아준다.

5
통밀가루에 물, 소금, 4를 고루 섞는다.

6
기름 두른 팬에 5를 한 숟갈씩 올려서 노릇노릇하게 지진다.

7
밀가루, 소금, 물을 고루 섞는다. 마·꽃다지·달래는 잘게 썰어 통밀반죽에 섞고, 홍고추는 횡으로 썰어서 씨를 털어낸다.

8
기름 두른 팬에 나물전 반죽을 한 숟갈씩 떠놓고, 홍고추를 한 조각씩 올려서 밑면에 색이 나면 뒤집어서 노릇노릇하게 부친다.

9
채반에 밭쳐서 한 김 나가면 접시에 담고 초간장을 곁들인다.

달래전과 달래무침
wild chive pancake

들길 돌밭에서 달래를 캐서 물에 충분히 담가두었다 손질해 요리를 한다. 야생에서 자란 달래는 톡 쏘는 매운맛이 강해도 전을 부치면 맛이 순해지고 풍미는 더 좋아진다. 초고추장 양념장에 새콤달콤하게 무치면 맛은 한결 더 부드러워진다.

재료 ingredient

달래전 달래 130g, 통밀가루 3/4컵, 물 180㎖, 소금 약간, 식용유

달래무침 달래 100g, 고추장 3큰술, 식초·올리고당 1½큰술씩, 통깨

tip › 달래의 진한 맛과 향은 잎보다 뿌리에 깊게 배어 있다. 그래서 캘 때는 뿌리가 끊어지지 않도록 주의하고, 들길 돌밭에서 캐면 이물질이 제거되도록 물에 담가 놓았다가 손으로 살살 흔들면서 헹구면 흙이 말끔하게 씻겨 나간다.

만드는 방법 how to make

1
씻어서 물기를 뺀 달래는 뿌리 부분을 칼등으로 살짝 눌러준 뒤 1㎝ 길이로 썬다.

2
통밀가루에 소금과 물을 섞어 약간 묽게 반죽한 뒤 1을 섞는다.

3
기름 두른 팬을 달군 뒤 불을 약간 줄이고, 반죽을 한 젓가락씩 올려서 노릇노릇하게 부친다.

4
달래무침 만들기. 씻어 건진 달래는 2~3㎝ 길이로 썬다.

5
고추장·식초·육수를 섞어 무침양념을 만든다. 올리고당은 식초와 같게 하거나 약간 줄인다.

6
달래를 넣어 젓가락으로 훌훌 뒤적여 버무린 뒤 통깨를 섞는다.

가지구이
eggplant roasted with seasonings

가지의 보라색 천연색소는 발암물질을 억제하는 성분이 다량 함유되어 있고, 독소를 제거해주며 심장 질환과 뇌졸중 위험을 감소시킨다. 특히 눈을 건강하게 해주고 비타민 함량이 높아 피로 회복에 좋다. 가지구이는 찜이나 볶음보다 간단하면서 가지 고유의 맛이 잘 살아나는 음식이다.

재료 ingredient
가지(보라색 또는 흰색 가지) 한 뼘 길이 2개, 들기름

양념장 집간장으로 만든 맛간장 2큰술, 육수·고춧가루·통깨 1큰술씩, 아삭한 풋고추 3~4개, 대파(참기름은 넣어도 되고, 생략하면 더 깔끔하다)

만드는 방법 how to make

1
가지는 꼭지를 자르고 씻어서 물기를 닦아낸다.

2
5㎝ 길이로 토막을 내 세로로 반을 자른다.

3
들기름을 두른 팬을 달궈서 가지를 뒤집어가며 굽고, 채반에 밭쳐 기름을 뺀다.

4
고추는 반으로 갈라 씨를 털어내 잘게 썰고, 대파는 송송 썬다.

5
4에 맛간장·고춧가루·통깨와 섞어 양념장을 만든다.

6
구운 가지를 접시에 담아 양념장을 건더기 위주로 가지 위에 소담스럽게 올린다.

⑨

PART 9 일러두기

- 채소 저장하기 - 묵나물은 햇볕에 말리고, 생채소는 그늘에서 말린 후 가루를 낸다. 가루는 밀폐용기에 담아 냉장보관하면 변색 되지 않는다. 데친 상태로 보관하려면 물에 잠기게 해서 냉동한다. 물기를 너무 꼭 짜면 냉동 중에 건조될 수도 있으니 주의한다.

반찬
with side dish

LIST

나물콩조림
갓끈동부껍질콩 멸치볶음
박나물 볶음
수박껍질생채
야생초 꽃다지 조갯살볶음
늙은호박 고등어찜
마 쪽파무침
고사리 들깨탕
두부 고추장볶이
다슬기 아욱국
동아 깍두기
무 장아찌
오이피클
오징어 콩나물찜
들깨 순 밀전병무침
박고지 고추조림
무말랭이 멸치조림

나물콩조림
lablab bean boiled

콩나물을 키우는 나물콩을 조리면 근사한 반찬으로 변신한다. 샐러드와도 같은 식감으로 꼭꼭 씹어 천천히 먹으면 더 고소하고 맛있는 콩이다. 입이 궁금할 때, 속은 출출하지만 뒤늦은 시간에 한 숟갈 입에 넣고 천천히 씹으면 입도 개운하고 몸에도 부담이 없다.

재료 ingredient
콩나물 키우는 나물콩 2컵, 집간장으로 만든 맛간장 3큰술, 물 2/3컵, 올리고당 4큰술, 조청 2큰술, 통깨 1큰술

tip 〉 불려서 볶은 후 조리면 검은콩조림보다 달고 고소하다. 메주콩도 이와 같은 방법으로 조릴 수 있다.

만드는 방법 how to make

1
나물콩은 물에 담가서 껍질이 들뜨지 않을 정도로 4~5시간 불린 후 씻어서 건진다.

2
프라이팬을 달궈서 불을 약간 줄이고 바삭하게 콩을 볶는다. 알이 작아서 쉽게 볶인다.

3
냄비나 조림팬에 맛간장, 올리고당, 조청, 물을 넣고 보글보글 거품이 일도록 끓인다.

4
조림장에 2를 넣어 국물이 자박하게 남도록 조린다.

5
통깨를 넣어 뒤적인다.

갓끈동부껍질콩 멸치볶음
stir-fried baby anchovies with yard-long bean

꼬투리가 길게 자라는 갓끈동부는 덜 여물었을 때 코투리를 따서 껍질째 먹는다. 덜 영글었을 때 먹는 껍질콩은 육류 못지 않은 영양을 지니고, 신장과 위장을 보호하며 혈액순환을 좋게 한다고 한다. 칼슘의 제왕 멸치와 함께 볶아 부드럽고 아삭한 맛을 즐겨보자.

재료 ingredient
녹색 갓끈동부껍질콩 12줄, 자색 긴꼬투리껍질콩 7줄, 잔멸치 30g, 집간장으로 만든 맛간장 1½큰술, 올리고당 1큰술, 들기름, 통깨

tip › 먹는 시기는 중앙에 지퍼처럼 열리는 줄이 생기기 전이다. 이때 수확해 조리를 하면 마늘종과 비슷하게 부드러운 식감이다. 데쳐서 김밥을 만들거나 샐러드 등에도 활용한다.

만드는 방법 how to make

1
껍질콩은 씻어서 물기를 뺀다.

2
양쪽 끝을 다듬어 낸 뒤 한 입 크기로 썬다.

3
마른 팬에 잔멸치를 살짝 볶아서 비린내를 날린다.

4
볶은 멸치를 덜어내거나, 별도의 팬에 기름을 두르고 2를 볶아서 맛간장으로 간을 한다.

5
간이 밴 껍질콩에 멸치를 넣어 좀 더 볶다가 올리고당을 넣고, 촉촉하게 윤기가 나면 통깨를 섞는다.

박나물 볶음
stir-fried gourd greens

우리 몸속에는 섭취한 칼슘을 뼈로 옮겨주는 장치가 없기 때문에 몸속에 들어갔을 때 칼슘원이 되는 식품을 먹어야 한다. 권장할만한 대표적인 먹을거리는 '박'. 나물거리는 껍질에 손톱자국이 날 정도로 부드러울 때 따서 곱고 얇게 썰어야 맛이 좋고, 참기름으로 볶아야 색이 곱다.

재료 ingredient
대 토막 생김의 나물박(또는 둥근 박) 손질한 과육 350g, 바지락살 1/2컵, 아삭한 홍고추 청고추 1개씩, 소금 1/2작은술, 참기름, 통깨

tip > 풋열매는 냉동고에 얼려도 된다. 해동이 되면 물기가 많아지는데 얼었다 녹은 박 과육을 볶으면 꼬들꼬들한 맛이 나고, 칼칼한 양념으로 낙지와 같이 볶거나 춘장으로 볶아도 맛있다.

만드는 방법 how to make

1
박은 껍질을 벗기고 속을 긁어낸 뒤 5㎝ 길이로 얇게 썬다.

2
고추는 세로로 반을 갈라 씨를 털어낸 뒤 채 썬다.

3
참기름 두른 팬을 달궈서 박과 바지락살을 넣어 볶는다.

4
소금으로 간을 하고 부드러워지도록 좀 더 볶은 뒤 고추를 넣고 살짝만 익힌다. 불을 끄고 통깨를 넣어 뒤적여준다.

수박껍질생채
rind of a watermelon salad

달큰하고 칼칼한 홍고추를 넣어 감칠맛을 내는 수박껍질생채. 산골에서 키운 작은 수박은 껍질은 생채를 만들고, 과육은 차게 해서 그대로 먹는다. 생채 국물이 자작하게 나오면 그 맛이 또 과육만큼 시원하다.

재료 ingredient
껍질 벗긴 수박 400g,
멸치액젓·고춧가루 1½큰술씩,
홍고추 1개, 대파, 다진 마늘, 통깨

tip ❯ 무농약으로 키운 수박은 껍질이 얇고 사각사각 씹힌다. 절이지 않고 무치면 더 시원하고, 홍고추를 잘게 썰거나 갈아 넣으면 자연 단맛이 더해진다.

만드는 방법 how to make

1
껍질만 남은 수박은 겉껍질을 얇게 벗긴다.

2
손질한 수박껍질은 약간 굵게 채 썬다.

3
대파와 홍고추는 잘게 썬다.

4
2에 3과 고춧가루, 멸치액젓, 마늘, 통깨를 넣어 훌훌 버무린다.

야생초 꽃다지 조갯살볶음
stir-fried wild whitlow grass & clam

꽃다지의 자잘한 솜털에 덮인 잎은 씹히는 맛이 진하고 양념과 어우러지면 약간 쌉쌀한 맛으로 미각을 돋운다. 특히 조갯살과 볶으면 부드러운 나물과 쫄깃한 조갯살이 감칠맛 나게 어울려 심심하게 간을 하면 맨 입에 먹어도 속이 편안하다.

재료 ingredient
꽃다지 150g, 조갯살 1/2컵, 된장 2/3큰술, 디포리육수 2/3컵, 홍고추 1개, 다진 마늘 2/3큰술, 통깨

만드는 방법 how to make

1
꽃다지는 서너 시간 물에 담가서 잎 틈새에 낀 흙이 빠지면 훌훌 씻어서 건진다. 홍고추는 반으로 갈라 씨를 털어내 채 썬다.

2
육수에 된장을 풀어서 팔팔 끓인다.

3
된장 국물에 꽃다지를 넣고 간이 잘 배도록 주걱 두 개를 이용해 뒤적이며 볶는다.

4
꽃다지의 숨이 죽으면 불을 약간 줄이고 조갯살을 넣어 볶는다.

5
국물이 자박하게 졸아들고 조갯살이 익으면 홍고추를 넣어 가볍게 뒤적인 후 불을 끄고 마늘과 통깨를 섞는다.

늙은호박 고등어찜
braised mackerel with pumpkin

등푸른 생선은 양질의 단백질과 각종 영양소가 풍부해 성장기 아이들은 물론 중년에게도 좋은 건강식품이다. 곁들이는 채소에 따라 제각각 다른 고등어찜은 늙은호박과 어울릴 때 맛이 가장 푸근하다. 호박을 넉넉하게 넣어 조리면 단맛은 기본, 비린내 없이 뒷맛이 개운한 요리가 된다.

재료 ingredient
당도가 높고 살이 단단한 늙은 호박(또는 재래종 맷돌호박, 단호박) 과육 600g, 손질한 고등어 450g(5토막)

조림양념 고춧가루 4큰술, 집간장으로 만든 맛간장 3큰술, 멸치육수(또는 물) 2~2½컵, 다진 마늘 1½큰술, 대파 1대

tip 〉 살이 단단하고 당도가 높은 늙은 호박으로 만들어야 생선과 잘 어울리고 감칠맛이 진하다. 고등어 대신 김치나 두부를 넣어 조려도 된다. 재래종호박이나 단호박으로 대신해도 된다.

만드는 방법 how to make

1
늙은호박은 반으로 갈라 씨앗과 속을 긁어낸 뒤 껍질을 벗긴다.

2
껍질 벗긴 호박은 세로로 2등분해 2㎝ 두께로 큼지막하게 썬다.

3
고등어는 내장을 제거하고 토막을 내 깨끗하게 씻어 물기를 뺀다.

4
냄비에 호박을 판판하게 깔고 고등어를 올린다.

5
대파를 어슷하게 썰어 맛간장·고춧가루·마늘과 섞은 뒤 육수를 붓고 걸쭉하게 양념장을 만든다.

6
고등어 위에 양념장을 얹고, 남은 육수로 양념장 그릇을 가셔내 양념이 씻기지 않도록 냄비 가장자리에 돌아가며 붓고 뚜껑을 닫고 끓인다.

7
양념이 고루 스며들게 생선 위로 국물을 끼얹어주고 은근한 불에서 호박이 푹 물러지도록 익힌다. 다 조려졌을 때 국물이 자박하게 남도록 중간에 육수나 물을 보충한다.

마 쪽파무침
yam & chives salad

김장 무렵의 쪽파는 상큼한 맛이 일품이다. 약간 칼칼하고 간간하게 양념해 열매 마와 함께 무치면 쪽파 향은 고스란히 살아 있으면서 매운 맛은 순해지고 심심한 마도 감칠맛 나게 변한다. 무쳐서 시간이 지나면 점질물이 배어나와 양념은 걸쭉해지지만 물이 생기지 않아 첫 맛과 똑같다.

재료 ingredient

열매 마(또는 뿌리 마) 220g, 다듬은 쪽파 120g, 고춧가루 2큰술, 멸치액젓 2½큰술, 다진 마늘 2작은술, 다진 생강 1작은술, 통깨 1큰술

만드는 방법 how to make

1

쪽파는 다듬어서 씻어 건지고, 열매 마는 버무리기 직전에 손질한다.

2

쪽파를 3~4㎝ 길이로 썬다.

3

마는 껍질을 벗기고 약간 굵직하게 채 썬다.

4

멸치액젓에 고춧가루를 풀어준다.

5

채 썬 마에 2와 4, 마늘, 생강, 통깨를 넣어 버무린다.

고사리 들깨탕
bracken and perilla seed soup

오래 푹 끓여 맛을 내는 고사리 들깨탕은 간혹 육개장 같은 느낌도 준다. 그러나 고소하고 부드러워서 육개장보다 맨입에도 쉽게 넘어가고 속을 한껏 편하게 해 해장용으로도 그만이다.

재료 ingredient
말린 고사리 50g, 삶아서 껍질 벗긴 시래기 100g, 굴 1컵, 된장 2큰술, 집간장으로 만든 맛간장 1~2큰술, 고춧가루 2큰술, 볶은 들깨가루 5큰술, 물 8컵, 대파 1대, 들기름

tip ＞ 배추 우거지나 시래기를 활용하기 좋은 고사릿국. 국물에 국수를 삶아서 국수전골을 만들어도 구수하다.

만드는 방법 how to make

1
마른 고사리는 물에 담가 부드러워지도록 불린다.

2
팔팔 끓는 물에 고사리를 삶아서 찬물에 헹궈서 건진다.

3
고사리와 시래기는 한 입 크기로 썬다.

4
냄비에 들기름을 넉넉하게 두르고 고사리와 시래기를 볶는다.

5
충분히 볶아지면 물을 붓고 된장을 풀어 넣는다. 국물이 팔팔 끓으면 굴을 넣어 끓인다.

6
고춧가루를 넣고, 좀 더 끓여서 맛간장으로 간을 맞추고 들깨가루를 넣는다.

7
대파를 5㎝ 길이로 자른 뒤 세로로 굵게 썰어 넣는다.

두부 고추장볶이
stir-fried red chili paste with tofu

국물 떡볶이처럼 만들어 먹는 두부 고추장볶이. 떡 대신 두부를 사용하면 탄수화물 섭취를 줄이고 칼로리 부담이 적다. 매콤한 양념을 흡수한 두부가 담백하게 맛의 균형을 잡아주고 고추장의 자연 단맛이 달콤한 국물맛을 낸다.

재료 ingredient
두부 200g, 양배추 120g, 양파 1/4개, 삶은 달걀 1개, 고추장 2~2.5큰술, 고춧가루 1큰술, 멸치육수 1½컵, 들기름, 소금

만드는 방법 how to make

1
두부는 사방 2~2.5㎝ 크기로 썰어서 소금을 약간만 솔솔 뿌린다.

2
들기름 두른 팬이 달궈지면 두부를 올리고 뒤집어가며 구워서 고르게 색을 낸다.

3
양배추와 양파는 한 입 크기로 썬다.

4
냄비에 육수를 붓고 고추장과 고춧가루를 풀어서 끓인다. 국물이 보글보글 끓으면 양배추와 양파를 넣는다.

5
양배추 숨이 살짝 죽으면 두부를 넣고, 국물이 졸아들면서 두부에 간이 배도록 익힌다.

6
그릇에 담고 달걀을 4등분해서 올린다.

다슬기 아욱국
marsh snail and curled mallow soup

이끼류를 먹고 사는 다슬기는 아미노산이 풍부해 간 기능을 좋게 하고 숙취해소에 탁월하다. 손수 갈무리하는 재미도 쏠쏠하고, 차가운 음식에서 느낄 수 없는 깊고 시원한 맛으로 더위에 지친 몸에 원기를 돋워주는 산골 보양식이다.

재료(4인분) ingredient
다슬기 500g, 다듬은 아욱 250g, 물 7컵, 된장 4큰술, 보릿가루 1½큰술, 대파 2대, 다진 마늘 1큰술

tip 〉 국물에 수제비를 넣어 끓이면 한끼 식사로도 그만이다.

만드는 방법 how to make

1
다슬기는 물에 하룻밤 정도 담가서 해감한 뒤 손으로 벅벅 문질러서 여러 번 물을 헹구어가며 씻는다. 물기를 뺀 다슬기는 30분쯤 지나 속살이 밖으로 비죽 나온다.

2
속살이 나올 때 팔팔 끓인 물을 붓는다. 잠시 시간을 두었다 바락바락 문질러 빨판을 제거하고, 이물질이 남지 않도록 깨끗하게 씻어 건진다.

3
물 4컵에 된장 3큰술을 풀어 끓인다. 국물이 팔팔 끓으면 다슬기를 넣고 20~25분 정도 삶는다.

4
삶은 다슬기는 소쿠리에 건져서 물기를 빼고 식힌다. 식힌 다슬기는 이쑤시개나 바늘을 이용해 껍질 속의 살을 꺼낸다.

5
다슬기 삶은 국물은 체에 걸러서 국 냄비에 붓고, 남은 물과 된장을 넣고 간을 맞춰 끓인다.

6
아욱은 물에 담가 바락바락 주물러 헹궈서 풋내를 우려내고, 크면 손으로 찢어서 팔팔 끓는 국물에 넣어 부드럽게 익힌다.

7
4의 다슬기 살은 보릿가루에 조물조물 무친다. 대파 푸른 잎은 손으로 큼지막하게 찢고, 뿌리 쪽 흰 부분은 잘게 썬다.

8
아욱이 익으면 보릿가루에 버무린 다슬기, 대파, 마늘을 넣어 좀 더 끓이고, 잘게 썬 대파를 고명으로 올린다.

동아 깍두기
white gourd-melon kkakdugi

동아는 박과에 속하는 한해살이 작물로, 소화기능을 개선하면서 이뇨 작용을 도와 신장이 약한 사람에게 특히 약이 된다. 과육에 수분이 많고 담백해서 생채, 볶음, 조림 등 조리법이 다양한데, 그 중 김치를 담그면 아삭하고 시원한 맛이 일품이다.

재료 ingredient
동아 과육 1kg, 고춧가루·홍고추 간 것 2큰술씩, 멸치액젓 3큰술, 쪽파 50g, 굵은 소금 1큰술, 다진 마늘 2큰술, 다진 생강·통깨 1큰술씩

tip › 신선한 동아 과육은 새콤달콤한 초고추장에 버무리거나 생채에 손국수를 비벼 간편하게 즐길 수 있고, 배춧잎을 섞어 겉절이를 담궈도 맛이 깔끔하다.

만드는 방법 how to make

1
동아는 반으로 잘라 속을 긁어낸 뒤 껍질을 벗긴다.

2
손질한 동아 과육을 2㎝ 길이로 잘라서 1㎝ 두께로 썬다.

3
굵은 소금을 훌훌 뿌려서 1시간가량 절인다.

4
절인 동아는 한 번 씻어서 소쿠리에 건진다.

5
쪽파는 2㎝ 길이로 썰고, 멸치액젓에 고춧가루를 풀어준다.

6
물기를 적당히 뺀 동아에 5와 마늘, 생강, 통깨를 넣어 버무린다.

무 장아찌
pickled radish slices

은근한 단맛은 단무지 같고, 아삭하게 씹히는 맛이 우엉 느낌이 나는 무 장아찌는 심신을 청정하게 해 주는 사계절 밑반찬이다. 김밥이나 주먹밥에 활용하기 좋고, 더부룩할 때 먹으면 소화제 역할도 하는 건강 요리다.

재료 ingredient
손질한 열무뿌리(또는 무) 5kg
집간장으로 만든 맛간장 1,800㎖,
전년도 장아찌 간장물
1,700㎖(또는 양조간장),
황설탕·식초 700㎖씩, 소주
400㎖

tip > 무에 간이 충분이 밴 뒤 남는 간장물은 덜어내 한 번 더 끓여서 식힌 후 패트병에 담아 실온에 보관하면 변질되지 않는다. 이렇게 보관한 절임물은 새로 담그는 장아찌에 활용하면 더욱 깊은 맛을 낼 수 있다.

만드는 방법 how to make

1
무는 잔뿌리를 떼어내고 깨끗하게 씻어서 큰 것은 2~4등분한다.

2
집간장으로 맛간장을 만든다.

3
맛간장에 전년도 남은 절임물을 붓고, 설탕을 충분히 녹인 후 식초를 섞는다. 팔팔 끓여서 식히면 장아찌 절임물 완성.

4
항아리에 무를 담고 누름돌로 눌러준 뒤 절임물을 붓는다. 3~5일 지나서 절임물을 따라낸 뒤 끓여서 식혀 붓기를 3회 정도 반복한다. 처음 끓여서 식혀 붓기 할 때 소주를 섞는다.

5
무에 간장물이 충분히 배면 꺼내서 요리에 활용한다.

오이피클
pickle

단순한 재료로 손쉽게 담그는 피클. 재래종 오이는 개량종보다 살이 단단하고 묵직하다. 개수가 아닌 무게로 가늠해야 분량 맞추기가 좋고, 담그는 용기에 따라 절임물 분량을 달리 맞춰야 한다. 피클은 만들고 하루만 지나도 먹을 순 있지만, 시간이 지나면 더 부드러운 맛이 난다.

재료 ingredient
재래종 오이 1kg, 양파 2개, 아삭한 고추 7개, 물 5컵, 식초 1½컵, 황설탕 1컵, 소금 3큰술, 피클 담을 유리병

만드는 방법 how to make

1

오이, 양파, 고추는 씻어서 물기를 말끔히 제거한다.

2

오이는 3㎜ 두께로 썰고, 양파는 작게 썬다. 고추는 오이와 비슷한 두께로 썰어서 씨를 털어 낸 뒤 훌훌 섞는다.

3

피클 담을 병을 열탕처리한다. 병이 반 이상 잠기게 물을 붓고 처음부터 함께 끓인다. 팔팔 끓으면 좀 더 끓여서 건지고, 자연스럽게 물기를 말린다.

4

열탕처리한 병에 2를 담는다.

5

물, 황설탕, 소금을 섞어서 팔팔 끓인 뒤 불끄기 직전에 식초를 넣어 절임물을 만든다. 절임물을 4에 붓고 뚜껑을 닫아 4~5시간 후 병을 엎어놓으면 간이 더 잘 밴다. 냉장고에서도 이렇게 보관하면 좋다.

6

다음날 바로 먹어도 되고, 시간이 지나면 더 부드럽게 씹힌다. 고추피클도 같은 방법으로 담글 수 있다.

오징어 콩나물찜
steamed bean sprouts with squid

미더덕찜이나 아귀찜으로 익숙한 콩나물찜은 오징어를 부재료로 하면 만들기 간단하고, 맛도 제법 풍성하다. 새우젓으로 간을 하면 시원한 맛이 나고, 고춧가루를 넣어 얼큰하게 끓이면 따뜻한 기운이 몸에 더 빠르게 스며든다.

재료 ingredient
콩나물 300g, 오징어 1마리, 고춧가루 3큰술, 집간장으로 만든 맛간장 2큰술, 육수 1컵, 대파 1뿌리, 감자전분 2작은술, 물 3큰술, 다진 마늘, 후추, 참기름, 통깨

tip › 콩나물은 집에서 직접 키운 것이 훨씬 고소하고 맛있다. 콩나물 시루는 화분으로 대신할 수 있으니 손쉽게 도전해 보자.

만드는 방법 how to make

1
집에서 직접 키운 콩나물을 간추려서 씻어 건진다.

2
오징어는 내장과 껍질을 제거하고 씻어서 몸통에 사선으로 칼집을 내 4~5㎝ 길이로 썰고, 대파는 오징어 길이에 맞춰 약간 굵게 채 썬다.

3
고춧가루, 맛간장, 다진 마늘, 육수 4큰술을 섞어 양념장을 만든다.

4
냄비에 콩나물과 손질한 오징어를 안치고 양념장을 붓는다. 남은 육수로 양념장 그릇을 가셔내 양념이 씻기지 않게 가장자리로 돌아가며 붓고 뚜껑을 닫고 익힌다.

5
전분을 찬물에 풀어놓았다가 콩나물이 비린내가 가실만큼 익으면 전분물을 붓는다. 뒤적여가며 좀 더 익히고, 대파를 넣어 가볍게 뒤적여준다.

6
불을 끄고 후추, 참기름, 통깨를 넣어 훌훌 섞는다.

들깨 순 밀전병무침
perilla & grilled wheat cake salad

밀가루로 전을 부치고 채소와 함께 양념해 버무리면 신기하게도 전병에서 어묵 느낌이 난다. 고소한 맛이 진한 들깨 순과 함께 무쳐도 좋은데, 시기에 맞춰 쪽파나 고들빼기 등 다양한 야채를 활용해 한 끼 요리를 만들어 보자.

재료 ingredient
간추린 들깨 순 100g, 집간장으로 만든 맛간장·멸치육수 1큰술씩, 고춧가루 1½큰술, 쪽파 5~7줄기, 다진 마늘, 반반 섞은 들기름·참기름, 통깨

통밀전 통밀가루, 물 2/3컵씩, 소금 약간, 식용유

만드는 방법 how to make

1
들깨 순은 씻어서 물기를 뺀다.

2
밀가루에 소금과 물을 섞어 덩어리지지 않게 풀어준 뒤 기름 두른 팬을 달궈서 얇게 한 장을 부친다.

3
통밀전이 식으면 1×4㎝ 크기로 썬다.

4
물기를 뺀 들깨 순은 길이가 길면 중간에 한두 번 자른 뒤 맛간장, 잘게 썬 쪽파, 마늘, 기름을 넣어 훌훌 버무린다.

5
버무린 들깨 순에 3과 통깨를 넣어 가볍게 섞는다.

6
간이 배면 접시에 담아낸다.

박고지 고추조림
boil dried gourd down in soy sauce

둥근 박을 가로로 반을 잘라 속을 긁어내고 껍질을 벗긴 후 빙빙 돌아가며 얄팍하게 칼질을 하면 기다란 박고지 두 개가 생긴다. 이를 가을볕과 바람에 널어두면 훌륭한 요리 재료가 된다. 물에 불려 부드러워지면 삶아 건져서 맛간장 양념으로 윤기나게 조리면, 그야말로 밥도둑이다.

재료 ingredient
박고지 60g, 집간장으로 만든 맛간장 2½큰술, 조청 5큰술, 물 1컵, 풋고추 4개, 홍고추 1개, 통깨

tip › 박고지만 조려도 되고, 맵지 않은 고추를 넉넉히 넣어 조리면 풍미도 좋다. 밥반찬, 술안주, 또는 담백한 빵에 곁들여도 잘 어울린다.

만드는 방법 how to make

1
박고지는 물에 담가 불려서 부드러워지면 씻어서 건진다.

2
불린 박고지를 냄비에 담고 푹 잠기게 물을 부은 뒤 15~20분가량 삶아서 건진다.

3
박고지 길이가 길면 한 입 크기로 썬다.

4
고추는 3과 비슷한 길이로 굵게 채 썬다.

5
조림팬에 맛간장·조청·물을 끓여서 보글보글 거품이 일면 불을 줄이고, 박고지를 넣어 국물이 자작해질 때까지 조린다.

6
고추를 넣고 뒤적여가며 약간만 조린 뒤 통깨를 섞는다.

무말랭이 멸치조림
stir-fried anchovies with dried slices of daikon

꼬들꼬들 얇게 썰어 말린 무말랭이에 멸치를 섞어 약간 달게 조리면 아이들도 반기는 반찬이 된다. 질기고 투박한 무말랭이는 조금 오래 익힌 후 국물이 흥건하게 남도록 조려 말랑말랑하게 먹을 수 있다. 작은 멸치보다 굵직한 국물멸치가 더 맛있다.

재료 ingredient
무말랭이·멸치 60g씩, 고추장 6큰술, 고춧가루 1큰술, 올리고당 4큰술, 멸치육수 2/3컵, 통깨

tip › 무는 되도록 가늘게 썰어 말리면 물에 담갔을 때 금세 부드러워지고, 양념이 잘 배어 조리하기도 간편하다.

만드는 방법 how to make

1
무말랭이는 물에 불려서 말랑말랑해지면 건진다.

2
마른 팬을 달궈서 멸치를(육수용 멸치는 내장을 제거한 후) 볶아 비린내를 날린다.

3
조림 팬이나 냄비에 고추장·올리고당·육수를 넣고, 끓기 시작하면 고춧가루를 넣어 보글보글 거품이 일도록 끓인다.

4
조림장이 충분히 끓으면 불을 약간 줄이고, 무말랭이를 넣어 국물이 자작해질 때까지 뒤적여가며 조린다.

5
멸치를 넣어 약간만 더 조린 뒤 불을 끄고 통깨를 섞는다.